Summm, summm, summm

身近なドイツ語

— しゃべりたくなる10のトピック —

教育・生活・物語編

Saori KIDO

ASAHI Verlag

ドイツ語圏略地図（□はドイツ語使用地域）

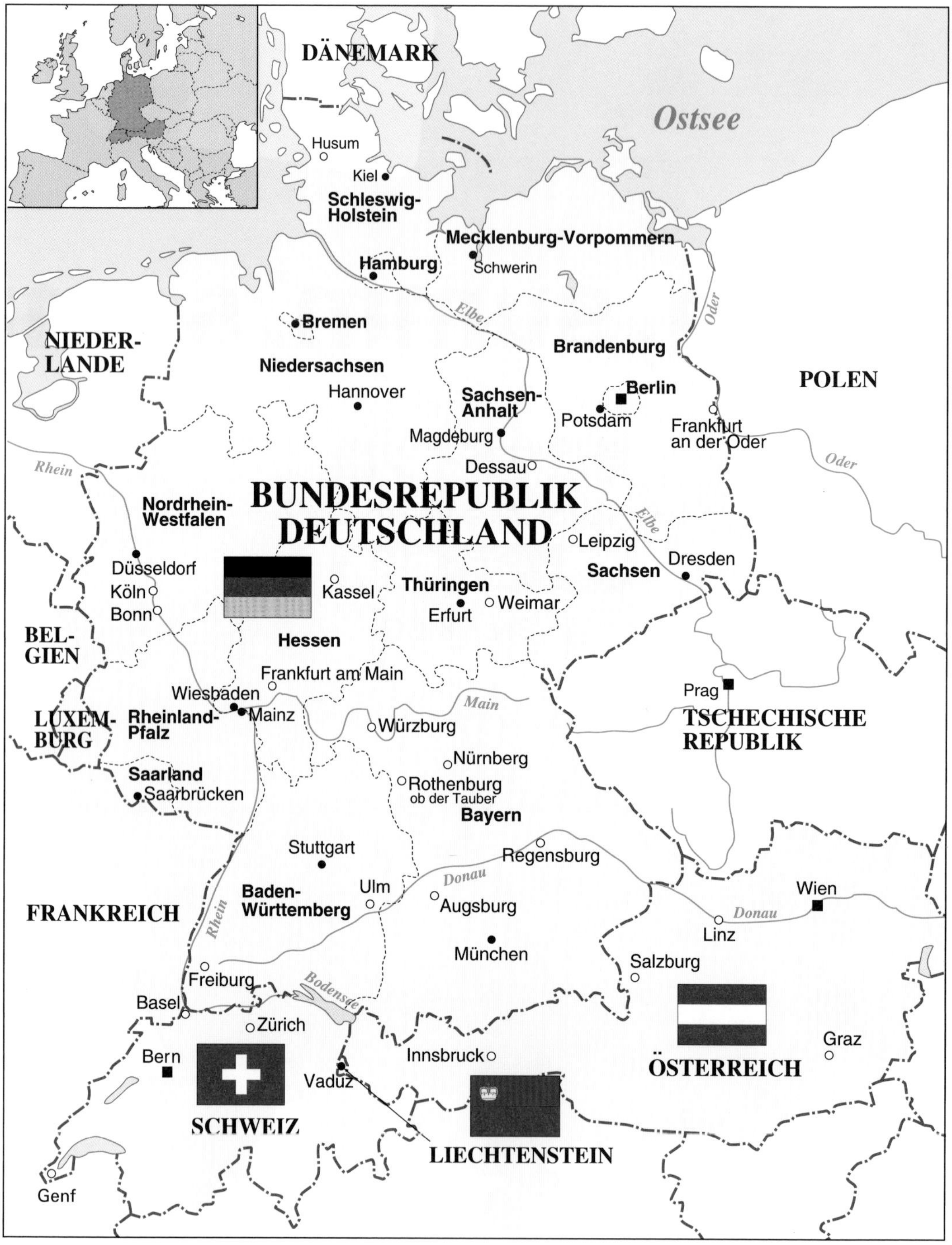

	ドイツ連邦共和国	オーストリア共和国	スイス連邦	リヒテンシュタイン公国
	Bundesrepublik Deutschland	Republik Österreich	Schweizerische Eidgenossenschaft（通称 Schweiz）	Fürstentum Liechtenstein
首 都	ベルリン	ウィーン	ベルン	ファドゥーツ
面 積	35 万 7021km^2	8 万 3858km^2	4 万 1284km^2	160km^2
人 口	約 8440 万人	約 910 万人	約 874 万人	約 4 万人

はじめに

この「身近なドイツ語」シリーズは、ある学生のこんな言葉から生まれました。

「ちょうど今、英語の講読で生化学と同じ内容をやっているから楽しい。」

つまり、ある授業で習った内容を直後に英語で読み直すことになるので、内容が理解しやすくやる気が出るのだそうです。そういうことなら、まず予備知識を得て、それからドイツ語に取り組んではどうかと考えてできたのがこの教科書です。

本書では、予備知識を得るために次の二つの工夫をしました。第一に、ドイツ語圏に関するトピックから、私たちにとって身近なものを取り上げました。たとえば、ホイップクリームが載ったコーヒーをウインナーコーヒーと呼びますよね。でも、ウインナーソーセージが入っているわけではないのになぜウインナーコーヒーと呼ぶのか、不思議に思ったことはありませんか？ すでに知っていることや、日本語でも調べられる知識をもとにドイツ語のテクストを読み進めてください。

予備知識を得るもう一つの工夫は、各課の構成です。各課の冒頭にはまず日本語による解説があります。ここで各課のトピックに関する予備知識を得てください。続くページには、この予備知識＋αの情報がドイツ語で書かれています。おおよその内容は見当がつくはずですので、ページ下部の文法説明を参考にしながら読んでみましょう。

すでにあなたが持っている知識や「あ、それ知ってる！」という小さな喜びは、新しいことを学ぶ上で大きな役割を果たします。そこで本書では、きっと誰もが経験したであろう子供時代の出来事を集めました。たとえば、童謡「ぶんぶんぶん」や幼稚園制度の始まり、山でとれる岩塩や月の模様といった自然の不思議、アニメや映画でおなじみのセントバーナードなどです。さらに、ドイツ発祥のちょっと珍しいスポーツや、鼻をかむという何気ない動作に隠れた日独の違いなど、ドイツ語圏に関する新しい情報も盛り込みました。各課が終わるたびに、「へぇ、そうなんだ！」と新しい発見があることでしょう。これらのトピックから新しい知識を得たら、きっと誰かに言いたくなるはずです。その気持ちを大切にして、どんどんと言葉と文化を吸収してください。

みなさんにとって、卒業後ドイツ語を使う機会は決して多くないでしょう。しかし、私たちの生活を支えるものごとが、実はちょっとしたアイデアや発想の転換から生まれたことを本書から感じていただけたら幸いです。

2023年秋　著者

目 次

◆ アルファベット

2

A	a	[aː]	K	k	[kaː]	U	u	[uː]
B	b	[beː]	L	l	[ɛl]	V	v	[faʊ]
C	c	[t͡seː]	M	m	[ɛm]	W	w	[veː]
D	d	[deː]	N	n	[ɛn]	X	x	[ɪks]
E	e	[eː]	O	o	[oː]	Y	y	[ˈʏpsilɔn]
F	f	[ɛf]	P	p	[peː]	Z	z	[t͡sɛt]
G	g	[geː]	Q	q	[kuː]	Ä	ä	[ɛː]
H	h	[haː]	R	r	[ɛʁ]	Ö	ö	[øː]
I	i	[iː]	S	s	[ɛs]	Ü	ü	[yː]
J	j	[jɔt]	T	t	[teː]		ß	[ɛsˈt͡sɛt]

◆ あいさつ

3

＜出会ったとき＞

Guten Morgen!
Guten Tag!
Guten Abend!
Hallo!
Grüß Gott!

＜別れるとき＞

Auf Wiedersehen!
Tschüs!
Gute Nacht!
Bis morgen!
Viel Spaß!

＜感謝を伝える／感謝にこたえる＞

Danke schön!
Vielen Dank!
Bitte schön!
Macht nichts!

＜謝罪する／呼びかける＞

Entschuldigen Sie!
Entschuldigung!

Lektion 00 発音規則

ドイツ語にゆかりのある人やものです。読んで発音規則をおぼえましょう。

4 1 母音

ä

Märchen

Doppelgänger

Hänsel und Gretel

ö

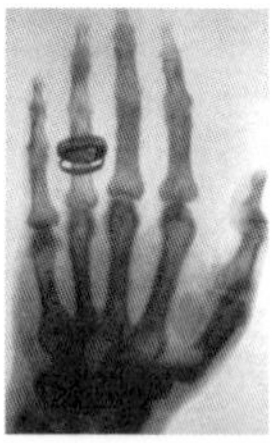

Röntgen

Köln

Schrödinger

ü

Zürich

München

Brüder Grimm

ei

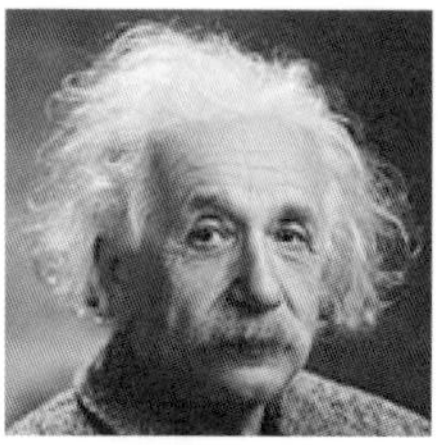

Einstein

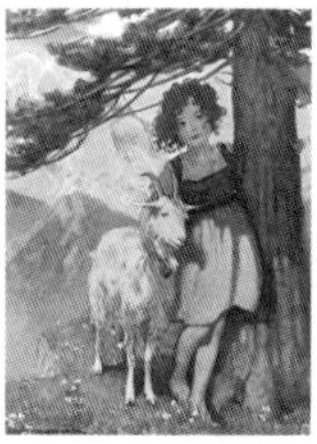

Heidi

Arbeit

ie

Allergie

Energie

Diesel

eu

Freud

Neurose

äu

Träumerei

母音＋h

Mahler

Brahms

Ohm

5

2 子音

語末の b d g

gelb

Siebold

Gutenberg

ch

Bach

Baumkuchen

chs

Dachshund（Dackel）

語末の er

Doppler

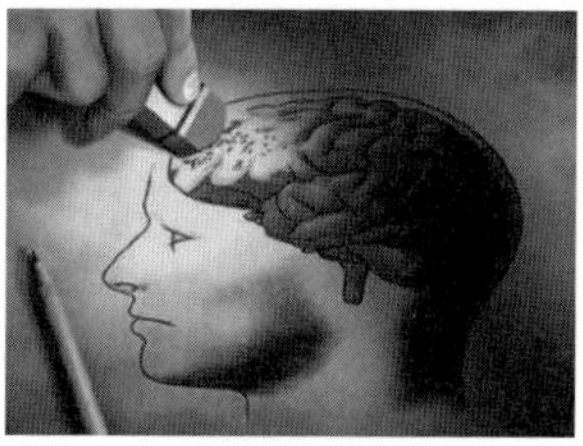

Alzheimer

語末の ig

Ludwig II

J

Jacke

Jungfraujoch

s ＋母音

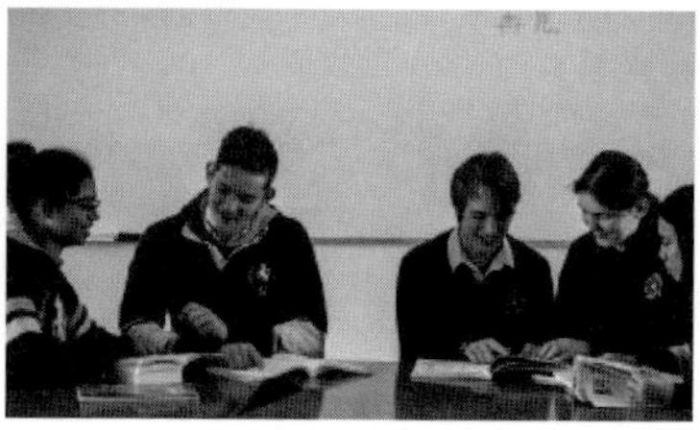

Seminar

sch

Schale

Porsche

tsch

Deutschland

語頭の sp

Spitz

語頭の st

Stollen

th

Luther

v

Volkswagen

w

Neuschwanstein

z

Mozart

ß ※辞書を引くときは、ß = ss と考える。

Edelweiß

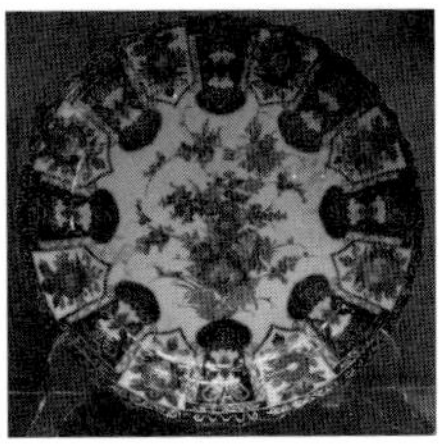

Meißen

Gauß

<アクセントについて>

・原則として、最初の母音にアクセントを置く（外来語はこの限りではない）。

・アクセントのある母音のうち、直後の子音が１つの場合は長く、２つの場合は短く発音する。

例）Schāle　シャーレ　　Mōzart　モーツァルト　　Zūrich　チューリッヒ

　　Dȯppelgänger　ドッペルゲンガー　　Bȧch　バッハ　　Lu̇ther　ルター

発音してみよう！

6

① Benz　② Konzern　③ Meister　④ Poltergeist

⑤ Präparat　⑥ Wandervogel　⑦ Zeppelin　⑧ Zyanose

Lektion

01 „Summm, summ, summ“

„Summ, summ“ はある虫の羽音を表す擬音語です、さてどんな虫でしょう？ 日本語では「ぶんぶん」…そうです、蜂です。ドイツ語と日本語でずいぶん表現が違いますね。蜂と聞いて思い出すのが、童謡「ぶんぶんぶん」。この曲はもともとチェコのボヘミア地方に伝わる民謡でした。そこにドイツの詩人ホフマン・フォン・ファラースレーベンが詞をつけ、1843年に „Biene“ という題名で発表します。さらに、1947年になって日本語の歌詞が付され、小学生用の音楽の教科書に登場して以来、今日まで多くの子供たちに歌われてきました。ちなみに、歌になるくらいドイツでは養蜂が盛んで、はちみつの消費量は世界一ともいわれます。怖いイメージの蜂ですが、自然の恵みのシンボルでもあるのです。

8 1 人称代名詞（1格）

	単数	複数
1人称	ich　私は	wir　私たちは
2人称	du　君は	ihr　君たちは
3人称	er　彼は sie　彼女は es　それは	sie　彼らは
2人称（敬称）	Sie　あなたは	Sie　あなたがたは

※親称と敬称

ドイツ語の2人称には、親しい間柄で使う「親称」と改まった関係で使う「敬称」があり、相手との親しさや関係性によって使い分けます。敬称の Sie は、3人称複数と同じ形をとり、文中のどこにあっても常に大文字で始めます。Sie と du の使い分けを常に意識しましょう。

※文中の ich は小文字

ドイツ語では、英語と同様文頭を大文字で始めます。一方、英語と違って ich（私は）は、文中では小文字になります。間違いやすいので注意しましょう。

※ man の用法

特定の人物ではなく、一般の人々を表す主語として man があります。上記の表では、3人称単数扱いになります。日本語に訳す際は、省略してかまいません。

Man darf hier nicht fotografieren.　ここで写真を撮ってはいけません。

9 2 疑問詞

wer	誰が	**was**	何が／何を	**wo**	どこで
wann	いつ	**warum**	なぜ	**wie**	どのように
wohin	どこへ	**woher**	どこから		

Text

(7)

Hallo! Ich heiße Klara.
Ich komme aus Hamburg, aus Deutschland.
Jetzt wohne ich in Wien und studiere Psychologie.
Ich spiele gut Klavier und singe sehr gern.
Mein Lieblingslied* ist „Summ, summ, summ“.
Kennst du das Lied** ?
Was bedeutet „Summ, summ, summ“?
Das sind*** Bienen. Bienen summen und sammeln Honig.
In Deutschland singt man oft das Lied.
Singt man auch in Japan das Lied?

*Mein Lieblings- 私の好きな○○（21ページ） **das Lied この歌を（Lektion 2） ***sind ～である（Lektion 2）

3 動詞の人称変化

(10)

	動詞の語尾	singen	heißen 注1	bedeuten 注2
ich	**-e**	sing**e**	heiß**e**	bedeut**e**
du	**-st**	sing**st**	heiß**t**	bedeute**st**
er/sie/es/man	**-t**	sing**t**	heiß**t**	bedeute**t**
wir	**-en**	sing**en**	heiß**en**	bedeut**en**
ihr	**-t**	sing**t**	heiß**t**	bedeute**t**
sie	**-en**	sing**en**	heiß**en**	bedeut**en**
Sie	**-en**	sing**en**	heiß**en**	bedeut**en**

注1 語幹が -s, -ß, -z, -tz で終わる動詞：
2人称単数で s が省略されます。［例　× du heißst　○ du heißt］
注2 語幹が -t, -d で終わる動詞：
2人称単数、3人称単数、2人称複数で口調上の e が挿入されます。［例　× er bedeutt　○ er bedeutet］
※ 変化する前の動詞を不定形（不定詞）、変化した後の動詞を定形（定動詞）と呼びます。

4 ドイツ語の語順

(11)

※動詞は必ず2番目に置く。主語は先頭でなくても構わない。

〈平叙文〉

○＋動＋～.　Man **singt** oft in Deutschland das Lied.
○ In Deutschland **singt** man oft das Lied.
× In Deutschland man **singt** oft das Lied.

〈決定疑問文〉

動＋主＋～？　**Singt** man in Japan das Lied? — Ja, man singt in Japan das Lied.
— Nein, man singt das Lied in Japan *nicht*.

〈補足疑問文〉

疑＋動＋主＋～？　Wo **singt** man das Lied? — Im Kindergarten singt man das Lied.

Übungen

1 （　　）に人称代名詞を、下線部に動詞を入れましょう。

⑴ 私はバイロイトの出身です（バイロイトから来ました）。(kommen)

(　　　　) ____________ aus Bayreuth.

⑵ 君はユリアという名前なの？（heißen[注1]）

____________ (　　　　) Julia?

⑶ 君たちはドイツ語を習ってるの？（lernen）

____________ (　　　　) Deutsch?

⑷ 彼女はチューリッヒに住んでいます。(wohnen)

(　　　　) ____________ in Zürich.

⑸ いま彼らは東京で働いています。(arbeiten[注2])

Jetzt ____________ (　　　　) in Tokyo.

⑹ 彼は教育学を専攻しています。（studieren）

(　　　　) ____________ Pädagogik.

⑺ あなたはギターを弾くのがお好きですか（好んでギターを弾きますか）？（spielen）

____________ (　　　　) gern Gitarre?

⑻ 彼女はとても上手に踊りますが、あまり上手に歌えません。(tanzen, singen)

(　　　　) ____________ sehr gut aber ____________ nicht so gut.

⑼ 彼女たちは切手を集めています。(sammeln)

(　　　　) ____________ Briefmarken.

⑽ 彼と私はよくハイキングをします。(wandern)

(　　　　) und (　　　　) ____________ oft.

2 上の問題を参考にして、下線部に適切な語を入れましょう。

⑴ 君はどんな名前なの？

____________ ____________ ____________?

⑵ 彼はどこの出身ですか？

____________ ____________ ____________?

⑶ 彼女はどこに住んでるの？

____________ ____________ ____________?

⑷ あなたは何を専攻しているのですか？

____________ ____________ ____________?

3 ここまでの問題を参考にして、次の文章をドイツ語で書きましょう。

(1) 君は踊るのが好き（好んで踊るの）？

____

(2) あなたは歌がお上手ですね（上手に歌いますね）。

____

(3) いま彼らは日本（Japan）に住んでいません。

____

(4) どうして君たちはよくピアノ（Klavier）を弾いているの？

____

(5) 誰がドイツ語を習ってるって？

____

4 〈会話練習〉ここまでの問題を参考にして、自己紹介をしましょう。

名前は？／出身は？／居住地は？／得意なことは？／好きな色は？／好きな動物は？

Spielst du Klavier?
Ja, ich spiele Klavier.
Nein, ich spiele nicht Klavier.

調べ学習

Recherchieren & Präsentieren

調べてみよう！　話してみよう！

インターネットで „Summ, summ, summ“ の動画を調べ、一緒にドイツ語で歌ってみましょう。

Summ summ summ!
Bienchen summ’ herum!
Ei! wir tun dir nichts zu Leide,
Flieg’ nun aus in Wald und Heide!
Summ summ summ!
Bienchen summ’ herum!

Lektion

02 Wiener Kaffee?

ウインナーコーヒーを知っていますか？ ソーセージが入ったコーヒー…ではなくて、ホイップクリームが載ったコーヒーのことですね。ウインナー（Wiener）とは「ウィーン風の」という意味で、特定のコーヒーの名前ではありません。実はウィーンには多種多様なコーヒーがあります。クリームが載ったコーヒーはアインシュペナー（Einspänner）といい、本来は一頭立ての馬車のことでした。かつてウィーンでは馬車の御者たちがコーヒーを飲みつつ客を待っていました。通常コーヒーはすぐに冷めてしまいますが、彼らのコーヒーにはたっぷりとクリームが載っていました。このクリームが蓋になって、コーヒーがずっと温かいのだとか。御者たちが好んで飲んだことから、Einspännerとして有名になりました。

1 名詞の性・数・格

ドイツ語の名詞には、いくつかルールがあります。

① 大文字で書き始める。
② 男性・女性・中性の3つのグループに分かれている。
③ 2つ以上を表す場合は、複数形を用いる。
④ 冠詞が1～4格の4通りに変化して、〈が・の・に・を〉を表す。

13 2 定冠詞

	男性名詞	女性名詞	中性名詞	複数
1格（が）	der	die	das	die
2格（の）	des　-s	der	des　-s	der
3格（に）	dem	der	dem	den　-n
4格（を）	den	die	das	die

1格：**Der** Kutscher ist groß.　　その御者**は**背が高い。
2格：Die Augen **des** Kutscher**s** sind blau.　　その御者**の**目は青い。
3格：Ich danke **dem** Kutscher.　　私はその御者**に**礼を言う。
4格：Ich rufe **den** Kutscher.　　私はその御者**を**呼ぶ。

※ 2格は、対象となる名詞の後ろに置き、後ろから前へかかります。
※ 男性名詞と中性名詞の2格では、名詞本体にもs（発音しにくい場合はes）が付きます。
※ 複数3格では、名詞本体にnが付きます（複数形のn型とs型を除く）。
※ 人称代名詞のer（彼は）、sie（彼女は）、es（それは）、sie（彼らは）は、人物だけでなく、それぞれ男性名詞、女性名詞、中性名詞、複数も指します。

Der Kaffee heißt Einspänner. **Er** ist sehr lecker.
そのコーヒーはアインシュペナーといいます。彼（＝そのコーヒー）はとてもおいしいです。

Text

12

In Wien trinkt man gern „Einspänner“.
Das ist eine Kaffee-Spezialität.
Aber das Wort bedeutet eigentlich Kutsche.
Warum nennt man den Kaffee „Einspänner“?
Der Kaffee hat einen Vorteil.
Normalerweise wird Kaffee schnell kalt.
Aber der Kaffee ist lange warm.
Denn er hat viel Schlagsahne.
Die Schlagsahne bewahrt den Kaffee vor Kälte.
Also tranken* die Kutscher der Einspänner oft den Kaffee und warteten* auf Gäste.

* tranken > trinken, warteten > warten 過去形（Lektion 10）

3 複数形

14

ドイツ語の複数形は、次の5種類にわかれます。複数形になると、性の区別はなくなります。

	語尾に	単数形	→	複数形	備考
無語尾型	何もつかない	Kutscher Vogel	→ →	Kutscher Vögel	ウムラウトすることがある
e 型	e がつく	Pferd Gast	→ →	Pferde Gäste	ウムラウトすることがある
er 型	er がつく	Glas Wort	→ →	Gläser Wörter	必ずウムラウトする
n 型	n がつく （あるいは en）	Kutsche Spezialität	→ →	Kutschen Spezialitäten	3格で n が付かない
s 型	s がつく	Café Restaurant	→ →	Cafés Restaurants	外来語に多い 3格で n が付かない

4 重要な動詞

15

	sein （英 be 動詞）	**haben** （英 have）	**werden** （英 become）
ich	**bin**	habe	werde
du	**bist**	**hast**	**wirst**
er/sie/es	**ist**	**hat**	**wird**
wir	**sind**	haben	werden
ihr	**seid**	habt	werdet
sie	**sind**	haben	werden
Sie	**sind**	haben	werden

Übungen

1 (　　) に定冠詞を入れましょう。

(1) このカフェ㊥はとてもステキですね。

(　　　　　) Café ist sehr schön.

(2) ありがとうございます！ そのコーヒー㊚はおいしいでしょうか？

Vielen Dank! Schmeckt (　　　　　) Kaffee gut?

(3) ええ、このトルテ㊛も美味しいです。

Ja, (　　　　　) Torte schmeckt auch gut.

(4) なぜって、このトルテのフルーツ㊥が最高なんです。

Denn (　　　　　) Obst (　　　　　) Torte ist am besten.

(5) このカフェのパティシエたち(複)は天才ですね。

(　　　　　) Konditoren (　　　　　) Cafés sind Genies.

2 次の文章を複数形に変えましょう。

(1) Die Spezialität des Cafés schmeckt gut.　このカフェの名物はおいしいです。

____

(2) Der Kutscher pflegt das Pferd fleißig.　その御者は熱心に馬の世話をしています。

____

3 (　　) に人称代名詞を、下線部に動詞を入れましょう。

(1) 8ユーロ30セントです。小銭をお持ちですか？

Das macht 5.30 Euro. ______________ (　　　　　) Kleingeld?

(2) はい、どうぞ。ところで、天気は悪くなりそうですか？

Ja, bitte. Übrigens, ______________ das Wetter schlechter?

(3) ええ、カサをお持ちですか？

Ja, ______________ (　　　　　) einen Regenschirm?

(4) いいえ、カサはあいにく自宅でして。

Nein, der Regenschirm ______________ leider zu Hause.

(5) 我々はカサをいくつか持っています。さあ、どうぞ！

(　　　　　) ______________ einige Regenschirme. Bitte sehr!

(6) ありがとう！ あなたは親切ですね、そして私は幸運だ。

Danke schön! (　　　　　) ______________ sehr nett und (　　　　　) ______________ glücklich.

4 ここまでの問題を参考にして、次の文章をドイツ語で書きましょう。

(1) このカフェはウィーンで一番です。

____

(2) なぜなら、パティシエたちが熱心だからです。

____

(3) 彼らはたくさん（viel）アイデア㊛（Idee, -n）を持っています。

____

(4) それに、コーヒーもおいしいです。

____

(5) あなたは幸せになるでしょう。

____

並列接続詞

次の並列接続詞を用いると、語順に影響を与えずに、文と文をつなげることができます。

und そして　aber でも　oder あるいは　denn なぜなら

Ich trinke gern Kaffee, **aber** ich trinke nicht gern Milch. **Und** er trinkt auch nicht gern Milch.

私はコーヒーを飲むのが好きです、しかし牛乳は嫌いです。そして彼も牛乳を飲むのが嫌いです。

5 〈会話練習〉ここまでの問題を参考にして、次の飲み物について好みを言いましょう。

Kaffee コーヒー／Tee 紅茶／Milch 牛乳／Kakao ココア／Cola コーラ／Wasser 水／Wasser mit Kohlensäure 炭酸水／Orangensaft オレンジジュース／Bananensaft バナナジュース

gern 好んで／nicht gern 好まない

〈辞書の見方〉

Buch [ブーフ] 中 -[e]s/Bücher [ビューヒャァ] 本；帳簿. ¶ Freiwillig hat

2格の語尾　複数形

調べ学習

Recherchieren & Präsentieren

調べてみよう！　話してみよう！

ウィーンの街や歴史について調べ、気に入ったものを一つ紹介しましょう。

▶有名なカフェやケーキ／▶歴史的な教会や建物／▶ウィーン出身の人物／▶ウィーンが舞台の作品 など…

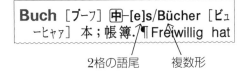

Lektion

03 Mond

昔の人は、月の模様を見てそこから様々な物語を想像しました。日本では月にはウサギが住んでいて餅をついていると言いますが、この話はアジアの多くの国々でみられるそうです。一方、中国ではウサギが薬草を挽いていると言われているそうです。ほかにもカニやイヌやワニ、本を読む女性や木の下で休む男性、水を運ぶ女性など、月は私たちに様々なインスピレーションを与えてきました。ではドイツではどうかというと、月には薪を担ぐ男がいると言われています。一説によると、この男は働き者で、神が定めた安息日にさえ休まず薪を取りに出かけたため罰として月で永遠に働かされているのだとか。ちょっと悲しいお話ですね。今夜は空を見上げて、薪を担いだ男の姿を探してみましょう。

17 1 不定冠詞

	男性名詞	女性名詞	中性名詞
1格（が）	ein	eine	ein
2格（の）	eines　-s	einer	eines　-s
3格（に）	einem	einer	einem
4格（を）	einen	eine	ein

※ 男性名詞と中性名詞の2格では、名詞本体にも s（発音しにくい場合は es）が付きます。

1格：**Ein** Mann trägt Brennholz.　　ある男が薪を運んでいる。
2格：Das Leben **eines** Mann**es** ist hart.　　ある男の人生はつらい。
3格：Ein Hund folgt **einem** Mann.　　一匹のイヌがある男についていく。
4格：Wir finden **einen** Mann.　　私たちはある男を見つける。

18 2 否定文

文中に nicht を加えると否定文になります。原則として、文全体を否定したい場合は文末に、部分的に否定したい場合は否定する単語の直前に nicht を置きます。

Der Mann arbeitet **nicht**.　　その男は働きません。
Der Mann ist **nicht** fleißig.　　その男はまじめではありません。

〈否定文で聞かれたとき〉

Ja は使えないので注意！

Arbeitest du am Wochenende nicht?　　君は週末に働かないの？
— **Doch**, ich arbeite am Wochenende.　　いいえ、週末に働きますよ。
— **Nein**, ich arbeite am Wochenende nicht.　　はい、週末は働きません。

Text

Wer wohnt auf* dem Mond? Niemand wohnt auf dem Mond? Doch!
In Japan denkt man, dort wohnt ein Hase.
Aber das ist nur ein Beispiel.
Der Mond gibt Menschen verschiedene Inspirationen.
In der Mongolei findet man dort einen Hund.
In Kanada und Amerika findet man dort eine Frau.
In Kanada liest die Frau, aber in Amerika bringt sie Wasser.
Und wie ist das in Deutschland?
In Deutschland denkt man, ein Mann wohnt auf dem Mond und trägt Brennholz.
Betrachten wir heute den Mond. Was siehst du dort?

* auf ～の上に（Lektion 6）

3 不規則動詞

すべての動詞は、主語によって語尾が変化します（Lektion 1）。これに加えて、一部の動詞は語幹も変化します。変化のしかたは次の3通りに分けられ、2人称と3人称の単数でのみ変化します。

	tragen 〈a → ä〉	**geben** 〈e → i〉	**sehen** 〈e → ie〉
ich	trage	gebe	sehe
du	tr**ä**gst	g**i**bst	**sie**hst
er/sie/es	tr**ä**gt	g**i**bt	**sie**ht
wir	tragen	geben	sehen
ihr	tragt	gebt	seht
sie	tragen	geben	sehen
	fahren（乗り物で）行く schlafen 寝る fallen 落ちる	essen 食べる helfen（～に[3]）手を貸す sprechen 話す	empfehlen 勧める lesen 読む

Siehst du den Mond? — Ja, ich **sehe** den Mond sehr gut.
君は月が見えるかい？ — ああ、とてもよく見えるよ。

※ 上記のルールに関係なく変化する動詞もあります。

不規則変化する動詞は、巻末の変化表を参考にしましょう。

	nehmen	**wissen**
ich	nehme	**weiß**
du	n**imm**st	**weißt**
er/sie/es	n**imm**t	**weiß**
wir	nehmen	wissen
ihr	nehmt	wisst
sie	nehmen	wissen

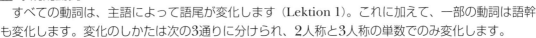

Übungen

1 （　　）に適切な不定冠詞を入れましょう。

(1) ぼくはウサギ㊚を一匹飼ってるんだ。君たちは？
Ich habe (　　　　　　) Hase. Und ihr?

(2) 私はメスネコ㊛を一匹とオスネコ㊚を一匹飼ってる。
Ich habe (　　　　　　) Katze und (　　　　　　) Kater.

(3) うちの家族は馬㊥を一頭とおんどり㊚を一羽飼ってるよ。
Meine Familie hat (　　　　　　) Pferd und (　　　　　　) Hahn.

(4) お兄ちゃんと僕はロバ㊚を一頭飼ってるんだ。
Mein Bruder und ich haben (　　　　　　) Esel.

(5) ロバ？ ロバに何をあげるの？
Esel? Was gibt man (　　　　　　) Esel?

(6) ぼくたちはニンジン㊛一本とキャベツ㊚一玉をあげてるよ。
Wir geben ihm (　　　　　　) Karotte oder (　　　　　　) Kohl.

(7) うちもペット㊥を一匹飼ってるんだけど…「イヌ」はドイツ語でなんて言うの？
Wir haben auch (　　　　　　) Haustier... Wie heißt „INU“ auf Deutsch?

(8) それなら Hund か Hündin だね。きみはオスイヌ㊚を飼ってるの？
Das heißt Hund oder Hündin. Hast du (　　　　　　) Hund?

2 次の会話が成り立つように、親称を主語にして質問を書きましょう。

(1) ______________________________
— Ja, ich schlafe im Bett.　はい、私はベッドで寝ています。

(2) ______________________________
— Nein, ich lese nicht gern Krimis.　いいえ、推理小説を読むのは好みません。

(3) ______________________________
— Nein, er spricht sehr gut Englisch, aber ich nicht.
いいえ、彼はとても上手に英語を話しますが、私はダメです。

(4) ______________________________
— Doch, ich esse gern Natto.　いえいえ、好んで納豆を食べますよ。

(5) ______________________________
— Ich trage eine Tuba.　私はチューバを背負っています。

(6) ______________________________
— Bus oder Zug? Ich fahre lieber mit dem Zug.
バスか電車か？ 私は電車に乗る方が好きです。

(7) ______________________________
— Wir sehen am liebsten Animes.　私たちはアニメを見るのが一番好きです。

3 ここまでの問題を参考にして、次の文章をドイツ語で書きましょう。

(1) 一人の泥棒男（Räuber）がベッドで寝ています。

____

(2) 一頭のロバが一匹のイヌを背負います。

____

(3) それから、そのロバとイヌは一匹のネコを背負います。

____

(4) 彼らは一羽のおんどりを背負います。

____

(5) 泥棒がこの動物たち複（Tiere）を見てベッドから（aus dem Bett）転げ落ちます（fallen）。

____

4 〈会話練習〉ここまでの問題を参考にして、次の事柄について自分の好みを言いましょう。

自転車に乗る Fahrrad fahren／納豆をたべる Natto essen／マンガを読む Mangas lesen／スノーボードをする Snowboard fahren／パーティーをする eine Party geben／映画を見る Filme sehen／走る laufen／友人に会う Freunde treffen／etc.

nicht gern	<	gern	<	lieber	<	am liebsten
好まない		好んで		より好んで		もっとも好んで

Fährst du gern Fahrrad?
Ja, ich fahre gern Fahrrad.

不定詞句

「Musik hören 音楽を聞く」「Fußball spielen サッカーをする」のように、不定形の動詞と他の語句をひとまとめにしたものを不定詞句と言います。教科書や辞書では、日本語と同じように動詞を最後に書いていますが、文章中では動詞を2番目においてかつ変化させましょう。

Musik hören: Ich **höre** gern Musik.　私は好んで音楽を聞きます。
Fußball spielen: Ich **spiele** gern Fußball.　私はサッカーをするのが好きです。

調べ学習

Recherchieren & Präsentieren

調べてみよう！　話してみよう！

月の模様は世界中で様々なものに見立てられてきました。他の地域の人々は、月の模様から何を連想したのでしょうか。また、そこからどんな物語を生み出したのでしょうか。調べて発表しましょう。

Lektion 04 Rad

ラートという競技を知っていますか？ 連結された2本の輪の中に人が入って、回転させながら演技をするスポーツです。大きな輪を自由自在に操って、逆さまになったり地面と平行にぐるぐる回ったり…。この競技およびその道具は正式には Rhönrad といい、車輪を意味する Rad に競技発祥の地である Rhön 地方の名を合わせて命名されました。ドイツ人のオットー・ファイクがラートを考案したのは1925年のこと。アイデアのもとは、子供時代に彼の父が作ってくれた遊び道具でした。その後スポーツとしても発展し、今では技の難易度や美しさを競う国際大会が開かれています。一見怖そうに見えますが、もとは子供用の遊び道具ですから簡単でしかも安全です。みなさんも挑戦してみませんか？

21

1 定冠詞類

以下の語は、定冠詞（der）と同じ変化をします。

dies-	この	jen-	あの	jed-	どの〜も
welch-	どの？	all-	すべての	solch-	そのような

	男性名詞	女性名詞	中性名詞	複数
1格（が）	dies**er**	dies**e**	dies**es**	dies**e**
2格（の）	dies**es** -s	dies**er**	dies**es** -s	dies**er**
3格（に）	dies**em**	dies**er**	dies**em**	dies**en** -n
4格（を）	dies**en**	dies**e**	dies**es**	dies**e**

※ 中性名詞の1・4格は、定冠詞（das）とかたちが異なるので注意。

Dieses Fahrrad ist beliebt. **この**自転車㊥は人気です。
Jenes Fahrrad ist nicht so teuer. **あの**自転車はあまり高くありません。
Jedes Fahrrad hat eine Klingel. **どの**自転車にもベル㊛がついています。
Welches Fahrrad nehmen Sie? **どの**自転車になさいますか？
Alle Fahrräder empfehlen wir. **すべての**自転車複をおすすめします。
Solche Fahrräder haben wir nicht. **そのような**自転車は扱っておりません。

複合語

日本語と同じように、ドイツ語でも2つ以上の単語をつなげて新しい名詞を作ることができます。その場合、最後の名詞の性が新しい名詞の性になります。単語を構成する個々の単語を知っていれば、辞書を引かなくても意味を推測することができます。

Fahr+Rad 走る＋車輪→自転車　Motor+Rad モーター＋車輪→バイク
Riesen+Rad 巨大な＋車輪→観覧車　Rhön+Rad Rhön 地方＋車輪→レーンラート

内容見本

見やすくたのしい 工夫がいっぱい

絵で見るドイツ単語

絵で見るドイツ単語 **Bahnhof**

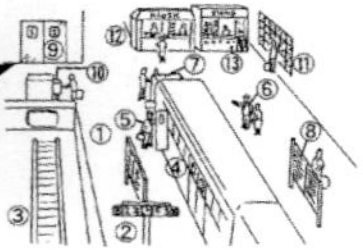

① der Bahnsteig
　プラットホーム．
② das Gleis...　…番線．
③ die Schiene　線路．
④ der Zug　列車．
⑤ der Zugbegleiter,
　die Zugbegleiterin 列車乗務員．
⑥ der Bahnmitarbeiter,
　die Bahnmitarbeiterin
　駅職員，鉄道社員．
⑦ der Fahrkartenautomat 券売機．
⑧ der Fahrplan　運行時刻表．
⑨ die Information　案内所．
⑩ der Entwerter　自動改札機．
⑪ das Schließfach
　コインロッカー．
⑫ der Kiosk　キオスク．
⑬ der Imbiss 軽食[スタンド]．

Einmal Bonn einfach (hin und zurück), bitte!
（切符を買うときに）ボンまで片道(往復)一枚下さい．
die erste(zweite) Klasse　一(二)等．
der [Sitz]platz 座席．
die Sitzplatzreservierung　座席予約．
der Großraumwagen (コンパートメントではない)解放座席車．
das Abteil　コンパートメント．
die Ankunft　到着．
die Abfahrt　出発．
die Verspätung 遅れ．
der Zuschlag 割増料金；特急券．

関連語をディスプレイ

関連語 **Internet**
—インターネット—

die E-Mail　Eメール．
die E-Mail-Adresse
　Eメールアドレス．
die Mailbox　メールボックス．
die Homepage　ホームページ．
die Website　ウェブサイト．
die URL　URL (ユーアールエル).
das Passwort　パスワード．
surfen　ネットサーフィンする．
suchen　検索する．
chatten　チャットする．
downloaden　ダウンロードする．
bookmarken　ブックマークする．

ドイツ語特有の

dünsten

D

ル．

dünsten [デュンステン] 動 蒸(む)す．

Dur [ドゥーア] 中-/ 〖音楽〗長調．D-*Dur* ニ長調．

durch [ドゥルヒ] **1** 前《4格支配．durch das は融合して durchs となる》¶【通過】…を通って，通りぬけて．*durch* die Tür (die Wand) ドアを通って(壁越しに)．【手段・出来事・動作主】…によって，…のおかげで．*durch* ein Erdbeben (Spezialisten) 地震のおかげで(専門家の手で)．/8 [geteilt] *durch* 2 ist 4. 8 割る 2 は4．【時間】…の間ずっと．*durch* das ganze Jahr 一年を通じて．**2** 副 通り過ぎて(抜けて)；過ぎ去って．¶ *durch* und *durch* すっかり．/ *durch* sein 通り過ぎてしまった；充分火が通っている．♦ Lassen Sie mich mal [bitte] *durch*! 私をちょっと通してください．

[1]**durch**- [ドゥルヒ]《常にアクセントをもち分離動詞をつくる前つづり》【通過】*durch*|fahren 通り抜ける．【切断】*durch*|schneiden 断ち切る．【強め】*durch*|atmen 深呼吸する．【やりとげる】*durch*|lesen 読み通す．

[2]**durch**- [ドゥルヒ]《アクセントをもたず非分離動詞をつくる前つづり》【通過】*durch*fahren (物⁴を)通過する．【分断】*durch*schneiden 断ち切る．【完遂】*durch*suchen 徹底的に調べる．

durch|atmen [ドゥルヒ・アートゥメン] 動 深呼吸する．

durch・aus [ドゥルヒ・アオス，ドゥルヒ・アオス] 副 まったく，すっかり；《否定の語句と》まったく…ない．¶ Das ist *durchaus* denkbar. そんなこ

ン] *du* brichst durch, *er* bricht durch; brach durch, durchgebrochen 動 **1** 二つに折る(割る)．**2** (s) 二つに折れ(割れ)る．

[2]**durch・brechen*** [ドゥルヒ・ブレヒェン] *du* durchbrichst, *er* durchbricht; durchbrach, durchbrochen 動 突破する；(法律・規則を)破る，(物⁴の)壁を破る．

durch・einander [ドゥルヒ・アイナンダァ] 副 [相互に・前後]入り乱れて，ごちゃごちゃで．¶ Alle redeten *durcheinander*. 皆が入り乱れてしゃべった．**Durch・einander** [ドゥルヒアイナンダァ] 中-s/ 無秩序[な状態]．

[1]**durch|fahren*** [ドゥルヒ・ファーレン] *du* fährst durch, *er* fährt durch; fuhr durch, durchgefahren 動 (s) (乗り物で)通り抜ける(過ぎる)．¶ *Fahren* wir durch den nächsten Ort *durch*? 次の村は通り抜けましょうか．[2]**durch・fahren*** [ドゥルヒ・ファーレン] *du* durchfährst, *er* durchfährt; durchfuhr, durchfahren 動 (物⁴を)通過する，端から端まで走る．¶ Unser Zug *durchfuhr* einen Tunnel nach dem anderen. われわれの乗った列車は次から次へとトンネルを通り抜けた．**Durch・fahrt** [ドゥルヒ・ファールト] 女-/-en 通り抜け道；出入り口．¶ *Durchfahrt* bitte frei lassen! 出入り口につき駐車禁止．

Durch・fall [ドゥルヒ・ファル] 男-[e]s /Durch・fälle [ドゥルヒ・フェレ] 下痢；落第，落選．¶ Sie hat starken *Durchfall*. 彼女はひどい下痢をしている．

durch|fallen* [ドゥルヒ・ファレン] *du* fällst durch, *er* fällt durch;

Text

20

Fahrrad, Motorrad, Riesenrad... welches Rad ist unser Thema heute?
Das Thema dieser Lektion ist das Rhönrad.
Das Rhönrad, oder einfach Rad, ist der Name der Sportart und ihres Sportgerätes.
Der Erfinder dieses Sportgerätes heißt Otto Feick.
Diese Erfindung hat ihren Ursprung in seiner Kindheit.
Denn sein Spielzeug ist der Prototyp des Rhönrades.
Ist dieser Sport schwierig oder gefährlich?
Nein, keine Sorge!
Das Rad ist einfach und sicher, denn es ist ein Sportgerät für* Kinder.
Alle Leute haben wahrscheinlich viel Spaß.

*für ～のため（Lektion 6）

2 不定冠詞類

22

以下の語は、不定冠詞（ein）と同じ変化をします（複数形は定冠詞に準じます）。

〈所有冠詞〉

mein-	私の	dein-	君の	sein-	彼の	ihr-	彼女の	sein-	それの
unser-	私たちの	euer-	君たちの	ihr-	彼らの	Ihr-	あなたの／あなた方の		

	男性名詞	女性名詞	中性名詞	複数
1格（が）	mein	mein**e**	mein	mein**e**
2格（の）	mein**es** -s	mein**er**	mein**es** -s	mein**er**
3格（に）	mein**em**	mein**er**	mein**em**	mein**en** -n
4格（を）	mein**en**	mein**e**	mein	mein**e**

※ Ihr-（あなたの／あなた方の）は、文中でも常に大文字で書きます。
※ sein-（彼の）、ihr-（彼女の）、sein-（それの）、ihr-（彼らの）は人物だけでなく、それぞれ男性名詞、女性名詞、中性名詞、複数も指します。

Wo ist **mein** Ball? **私の**ボール男はどこ？
— Ist **seine** Farbe rot? — **彼の**（＝ボールの）色女は赤だっけ？
Ach, **dein** Ball ist da. あっ、**君の**ボールはあそこだよ。

〈否定冠詞〉

kein（英 no）

Hast du einen Ball?
— Nein, ich habe **keinen** Ball.
君、ボール持ってる？
— ううん、持ってない。

《nicht と kein の使い分け》
不定冠詞および無冠詞の名詞を否定するときは、否定冠詞 kein を用います。
不定冠詞＝1、無冠詞＝数えられない数量、kein＝0、のイメージです。

Übungen

1 次の文の（　　）に定冠詞類の中から適切な語を入れましょう。

(1) このシューズ(複)、どう思う？
Wie findest du (　　　　　　) Schuhe?

(2) あー、あのシューズの方がいいんじゃない？
Oh... (　　　　　　) Schuhe sind besser, oder?

(3) どのシューズのことを言ってるの？
(　　　　　　) Schuhe meinst du?

(4) ポスターの前にあるシューズ。どのメーカー(男)が君のお気に入りなの？
Die Schuhe vor dem Poster. (　　　　　　) Hersteller gefällt dir?

(5) とくにないよ。全メーカー同じだもん。
Kein Besonder. (　　　　　　) Hersteller sind gleich.

(6) 待ってよ！ どのメーカーも長所と短所を持ってるんだよ。
Warte! (　　　　　　) Hersteller hat Vorteile und Nachteile.

(7) そんなことは重要じゃないよ。あ、この色(女)は素敵だね。
Das ist nicht wichtig. Oh, (　　　　　　) Farbe ist schön.

2 次の文の（　　）に適切な所有冠詞・否定冠詞を入れましょう。

(1) お母さん、私のユニフォーム(男)はどこ？
Mama, wo ist (　　　　　　) Trikot?

(2) あなたのユニフォームはまだ洗濯カゴの中よ。
(　　　　　　) Trikot ist noch im Wäschekorb.

(3) ああ、私たちの試合(中)は明日なのに！
Ach, (　　　　　　) Spiel ist morgen!

(4) どうしてあなたの妹(女)に言わないの、「あんたのユニフォームを貸して」って？
Warum sagst du (　　　　　　) Schwester nicht „Leih mir (　　　　　　) Trikot“?

(5) 彼女のユニフォームじゃ小さすぎるの。
(　　　　　　) Trikot ist zu klein.

(6) あらそう。ところで、これはあなたの帽子(女)？
Ach so. Übrigens, ist das (　　　　　　) Mütze?

(7) ちがう、私たちは帽子(複)を被らないの。私のバッグ(女)はどこ？
Nein, wir tragen (　　　　　　) Mützen. Wo ist (　　　　　　) Tasche?

(8) 知らないわよ。あなたたちの試合が無事に始まるよう、祈ってるわ。
Das weiß ich nicht. Ich hoffe, (　　　　　　) Spiel beginnt ohne Probleme.

3 ここまでの問題を参考にして、次の文章をドイツ語で書きましょう。

(1) 待って！ この靴は私たちの靴じゃないわ。

____

(2) 君たちの靴は何色なの？

____

(3) 私の靴は黒（schwarz）で、彼の靴は白（weiß）。

____

(4) あの靴は君の靴？

____

(5) ちがう、私の靴はヒモ㊛（Schnur）がないの。

____

4 〈会話練習〉ここまでの問題を参考にして、自分の好きなものを紹介しましょう。また、パートナーに好きなものを聞いて、別の人に紹介しましょう。

★ Lieblings- の後ろに次の単語をつなげると、好きな○○という新しい単語が作れます。
スポーツ㊚ Sport／選手 Spieler ㊚ , Spielerin ㊛／歌手 Sänger ㊚ , Sängerin ㊛／
歌㊥ Lied／バンド㊛ Band／色㊛ Farbe／季節㊛ Jahreszeit／果物㊥ Obst ...

Was ist dein Lieblingssport?
Mein Lieblingssport ist Röhnrad.

> **職業と国籍**
>
> ドイツ語の職業・国籍を表す単語には、男性形と女性形があります。原則として、男性形に -in をつけて女性形を作ります。
>
> Spieler／Spielerin 選手　　Student／Studentin 大学生　　Lehrer／Lehrerin 先生
> Japaner／Japanerin 日本人　　Chinese／Chinesin 中国人
> Deutscher／Deutsche ドイツ人　　Franzose／Französin フランス人

調べ学習

Recherchieren & Präsentieren

調べてみよう！　話してみよう！

メジャーなものからローカルなものまで、世界にはいろいろなスポーツがあります。その中から興味を持ったものを一つ取り上げ、その競技の歴史やルール、道具や楽しみ方を調べて発表しましょう。

Lektion

05 Nase putzen

ちょっと風邪気味のとき、あるいは温かいものを食べたとき、おっと鼻水が…さて、あなたならどうしますか？ 鼻をすすったり、こっそりトイレへ行って鼻をかんだりするのではないでしょうか。ドイツではちょっと違います。さっとハンカチを取り出し、そこに座ったままブーっと思い切り鼻をかむことでしょう。ドイツをはじめヨーロッパの国々では、鼻水をすする音を不快に感じる人が多く、すぐに鼻をかむ方が好まれます。その際、大きな音を立ててもかまいません。さすがに食事中や映画館などでは賛否が分かれるようですが、授業中でも会議中でも、鼻がすっきりするまでしっかりブッブッと鼻をかみます。ドイツで鼻水が出そうになったら、恥ずかしがらずにしっかりと鼻をかみましょう。

24 1 人称代名詞（3・4格）

			男性名詞	女性名詞	中性名詞			複数	
	私	君	彼	彼女	それ	私たち	君たち	彼ら	あなた
1格（が）	ich	du	er	sie	es	wir	ihr	sie	Sie
3格（に）	mir	dir	ihm	ihr	ihm	uns	euch	ihnen	Ihnen
4格（を）	mich	dich	ihn	sie	es	uns	euch	sie	Sie

Ich gebe **dir** ein Papiertaschentuch.　**君に**ティッシュ㊥をあげよう。
— Danke, du hilfst **mir** immer.　— ありがとう、君はいつも**ぼくに**手を貸してくれるね。

※「彼」「彼女」「それ」「彼ら」は、人物だけでなく、それぞれ男性名詞、女性名詞、中性名詞、複数も指します。

Ich habe immer viele Pflaster, denn alle Leute brauchen **sie**（= Pflaster).
私はいつもたくさん絆創膏(複)を持っています、みんなが彼ら（=絆創膏）を必要とするので。

25 2 再帰代名詞

主語の行った行為が再び主語に帰ってくる場合、すなわち主語と目的語が同一人物の場合は、再帰代名詞を用います。

	私自身	君自身	彼自身	彼女自身	それ自身	私たち自身	君たち自身	彼ら自身	あなた自身
3格（に）	mir	dir	**sich**	**sich**	**sich**	uns	euch	**sich**	**sich**
4格（を）	mich	dich	**sich**	**sich**	**sich**	uns	euch	**sich**	**sich**

※ 1人称と2人称は人称代名詞と同じですが、3人称のときすべて sich になります。

Klara: „Ich kaufe mir eine Halskette und meiner Katze ein Halsband.“
クララ「私は私にネックレスを、うちのネコ㊛に首輪を買います。」
→ Sie kauft **sich** eine Halskette.　sie = sich（自分）
→ Sie kauft **ihr** ein Halsband.　sie ≠ ihr（ネコ）

Text

23

Hallo! Wie geht's dir*?
Oh, die Nase läuft dir.
Warum putzt du dir nicht die Nase? Schämst du dich?
Kein Problem!
In Deutschland putzt man sich überall die Nase.
Hast du ein Taschentuch? Nein?
Okay, ich gebe dir ein Papiertaschentuch.
Putze ich dir die Nase? Nein, das ist ein Witz.
Zieh eine Jacke an**, sonst erkältest du dich noch!
Gute Besserung!

*Wie geht's dir? 調子はどう？（Lektion 8）　**Zieh eine Jacke an 上着を着て（付録1 命令形）

3 再帰動詞

26

再帰代名詞とともに用いられる動詞を、再帰動詞といいます。

たとえば、ドイツ語には「楽しみにする」を表す単独の動詞がありません。そこで、freuen「楽しませる」という動詞に再帰代名詞 sich をつけて、「自分で自分を楽しませる」と表現します。これが再帰動詞です。楽しんでいる対象や理由は前置詞で補います。

「私は君からの知らせを楽しみにしています。」

Dein Bescheid freut mich.　（きみからの知らせは私を楽しませます）
Ich freue **mich** über deinen Bescheid.　（私は君からの知らせで自分を楽しませます）

〈所有の3格〉

「自分で自分の鼻をかむ」というとき、文法上 meine Nase とは言えず、3格の再帰代名詞を使って「自分に（sich^{3}）属している鼻をかむ」と表現します。

Du putzt **dir** die Nase.　君は（自分の）鼻をかみます。
Sie putzt **sich** die Nase.　彼女は（自分の）鼻をかみます。

再帰代名詞の代わりに人称代名詞を使うと、「主語とは異なる人の鼻をかむ」となります。

Sie putzt **ihr** die Nase.　彼女は（娘の）鼻をかんでやります。

Übungen

1 次の文の（　　）に適切な人称代名詞を入れましょう。

(1) もうすぐおじいちゃんとおばあちゃんの誕生日でしょ。彼らに何をあげるの？
Opa und Oma haben bald Geburtstag. Was schenkst du (　　　　　　)?

(2) 私は彼にベルトを、彼女にスカーフをあげるつもり。
Ich schenke (　　　　　　) einen Gürtel und (　　　　　　) ein Tuch.

(3) おばさんがわたしに言うには、彼女は彼らを写真に撮るって。
Unsere Tante sagt (　　　　　　), sie fotografiert (　　　　　　).

(4) なるほど、写真家だものね。おばさん、私たちも写真に入れてくれたらいいな。
Ah, sie ist Fotografin. Ich hoffe, sie fotografiert (　　　　　　) auch.

(5) 家族写真ね？ 明日そのこと彼女に言ってみようか？
Familienfotos? Das sage ich (　　　　　　) morgen, ja?

(6) 本当に？ あなたにとっても感謝するわ。
Echt? Ich danke (　　　　　　) sehr.

2 次の文の（　　）に適切な再帰代名詞または人称代名詞を入れましょう。

(1) なんで君は怒っているの？
Warum ärgerst du (　　　　　　)?

(2) 私ちっとも怒ってないわよ。
Ich ärgere (　　　　　　) gar nicht.

(3) そんなことないよ！ まずは落ち着こう。
Doch! Beruhigen wir (　　　　　　) erstmal.

(4) 私は落ち着かないわ、だってあんた全然急いでないでしょ。
Ich beruhige (　　　　　　) nicht, denn du beeilst (　　　　　　) gar nicht.

(5) どうして僕たち急いでるの？
Warum beeilen wir (　　　　　　)?

(6) はぁ？　あんたって驚かしてくれるわね。
Was? Du wunderst (　　　　　　).

(7) ごめん、謝るよ。
Entschuldigung, ich entschuldige (　　　　　　).

(8) とにかく、すぐに歯を磨くこと。いいわね？
Jedenfalls putzt du (　　　　　　) sofort die Zähne. Okay?

3 ここまでの問題を参考にして、次の文章をドイツ語で書きましょう。

(1) どうして君たちは急いでるの？

＿＿＿＿＿＿＿＿＿＿＿＿＿＿＿＿＿＿＿＿＿＿＿＿＿＿＿＿＿＿

(2) おばさんが私たちを写真に撮ってくれるの。

＿＿＿＿＿＿＿＿＿＿＿＿＿＿＿＿＿＿＿＿＿＿＿＿＿＿＿＿＿＿

(3) 彼女、あなたに言ってないの？

＿＿＿＿＿＿＿＿＿＿＿＿＿＿＿＿＿＿＿＿＿＿＿＿＿＿＿＿＿＿

(4) そんなことないよ、でもぼくは行かない、退屈するから（sich^4 langweilen）。

＿＿＿＿＿＿＿＿＿＿＿＿＿＿＿＿＿＿＿＿＿＿＿＿＿＿＿＿＿＿

(5) 本当に？ 私たちはとっても楽しみよ（sich^4 freuen）。

＿＿＿＿＿＿＿＿＿＿＿＿＿＿＿＿＿＿＿＿＿＿＿＿＿＿＿＿＿＿

4 〈会話練習〉次の表現を使って、ジェスチャーゲームをしましょう。

sich^4 freuen 喜ぶ、楽しみにする／sich^4 fürchten 恐れる／sich^4 schämen 恥じる／sich^4 wundern 驚く／sich^4 ärgern 怒る／sich^4 beeilen 急ぐ／sich^4 setzen 座る／sich^4 legen 横になる／sich^4 entschuldigen 謝る／sich^4 bewegen 動く／sich^4 langweilen 退屈する／sich^4 beruhigen 落ち着く／sich^3 die Zähne putzen 歯を磨く／sich^3 die Nase putzen 鼻をかむ／sich^3 die Hände waschen 手を洗う／sich^3 die Haare kämmen 髪をとかす

調べ学習

Recherchieren & Präsentieren

調べてみよう！　話してみよう！

日本とドイツでは、「鼻をかむ」という習慣について違いがありました。他にはどんな例があるでしょうか。また、世界の他の国ではどうでしょうか。そして、なぜそのような異なる習慣が広まっているのでしょうか。様々な例を調べて話し合ってみましょう。

Lektion

06 Kindergarten

幼稚園を表す Kindergarten は、ドイツの教育者フリードリヒ・フレーベルが Kinder（子供たち）と Garten（庭）を合わせてつくった言葉です。母親を早くに亡くしたフレーベルは、子供のころからよく森の中を歩き自然の中で過ごしました。自然こそ彼の学び舎であり家だったのです。あるとき、彼は自然の中で子供たちが自由に遊ぶ様子を見て、こう考えます。庭で植物が育つように、子供たちにものびのびと育つための庭のような環境が必要だと。この考えを形にしたのが Kindergarten です。彼は子供たちとともによく野原へ出かけました。また、子供たちが遊びを通して学ぶよう、積極的に玩具で遊ばせました。このようなフレーベルの考えが広まり、世界各地に幼稚園が作られたのです。

1 前置詞

名詞や代名詞の前に置いて、位置関係を示したり、意味を補ったりするものを前置詞と言います。ドイツ語では、前置詞によって後ろに来る名詞の格が決まっています（前置詞の格支配）。

〈3格支配〉

aus	～の中から	**bei**	～のところで／～する際	**mit**	～と一緒に／～（乗り物）で
nach	～の後で／（地名）へ	**seit**	～以来	**von**	～の／～から
zu	（施設・人）へ				

Der Kindergarten ist die Idee **von** Fröbel.　幼稚園はフレーベルのアイデアです。
Die Kinder spielen **mit** einem Ball.　子どもたちがボールで遊んでいます。

※「〇〇へ行く」と言うとき、国名や地名では nach、施設や人では zu を用います。
Ich fahre **nach** Kyoto.　私は京都へ行きます。
Ich gehe **zum** Kindergarten.　私は幼稚園へ行きます。
（zum＝zu＋dem：融合形を参照）
Ich gehe **zu** meiner Großmutter.　私は祖母のところへ行きます。

〈4格支配〉

durch	～を通って	**für**	～のために	**gegen**	～に抵抗して
ohne	～なしで	**um**	～の周りで／～時に		

Die Kinder lernen **durch** das Spielen.　子どもたちは遊びを通して学びます。
Wir brauchen **für** Kinder einen Garten.　子どもたちのために庭が必要です。

Text

Der Kindergarten ist die Idee von Friedrich Fröbel.
Das Wort besteht aus zwei Wörtern: Kinder und Garten.
In seinem Buch sagt er:
„Pflanzen wachsen im Garten. Auch für Kinder brauchen wir einen Garten.“
Also gehen die Kinder im Kindergarten ins Feld,
wandern im Wald oder beobachten Insekten.
Die Natur ist ihre Schule und ihr Haus.
Außerdem sagt er: „die Kinder lernen durch das Spielen“.
Also spielen sie oft mit Spielzeug.
Heute verbreitet sich sein Kindergarten weltweit.

〈3・4格支配〉

◎ 場所を表すとき：3格

Die Kinder spielen unter **dem** Baum.　子供たちが木の下**で**遊んでいる。

◎ 移動を表すとき：4格

Die Kinder gehen unter **den** Baum.　子供たちが木の下**へ**向かって行く。

〈前置詞と定冠詞の融合形〉

in + dem や zu + der など、一部の頻度の高い組み合わせには、前置詞と定冠詞が一つになった融合形が存在します。融合形がある場合は、こちらを使いましょう。

an + dem = am	bei + dem = beim	in + dem = im	in + das = ins
von + dem = vom	zu + dem = zum	zu + der = zur	

Er wandert gern **im** Wald.　彼は好んで森の中を散策します。
Er geht oft **ins** Feld.　彼はよく野原へ行きます。

Übungen

1 次の文の下線部に適切な前置詞を、(　　) に冠詞または人称代名詞を入れましょう。さらに、融合形がある場合は適切な形に直しましょう。

(1) 長崎へ／幼稚園㊚へ／君のところへ

________ Nagasaki／________ (　　　　) Kindergarten／________ (　　　　)

(2) 私のために／私に対抗して

________ (　　　　)／________ (　　　　)

(3) ベルリンから／先週から／庭㊚の中から

________ Berlin／________ letzter Woche／________ (　　　　) Garten

(4) 祖父㊚のところで／祖母㊛のところへ

________ (　　　　) Großvater／________ (　　　　) Großmutter

(5) バス㊚で／電車㊚で／自転車㊥で

________ (　　　　) Bus／________ (　　　　) Zug／________ (　　　　) Fahrrad

(6) 子供たち(複)と一緒に／子供たち抜きで

________ (　　　　) Kindern／________ (　　　　) Kinder

(7) 遊び㊥の後で／7時に

________ (　　　　) Spielen／________ 7 Uhr

2 次の文の下線部に適切な前置詞を、(　　) に定冠詞を入れましょう。さらに、融合形がある場合は適切な形に直しましょう。

(1) 私の大学は駅㊚の前にあります。

Meine Universität ist ________ (　　　　) Bahnhof.

(2) 門㊥の横には像が立っています。

________ (　　　　) Tor steht eine Statue.

(3) 学食は図書館㊛とカフェテリア㊛の間にあります。

Die Mensa ist ________ (　　　　) Bibliothek und (　　　　) Cafeteria.

(4) 昼になると学生たちが学食㊛の中へ入っていきます。

Am Mittag gehen die Studenten ________ (　　　　) Mensa.

(5) 学食の後ろにはいくつかベンチがありますが、そのベンチ(複)の上ではたいていネコが寝ています。

Einige Bänke sind ________ (　　　　) Mensa, aber Katzen schlafen meistens ________ (　　　　) Bänken.

(6) 食事を終えると私は再び教室㊥へ走って向かいます。

Nach dem Essen laufe ich wieder ________ (　　　　) Seminarraum.

(7) 図書館㊛で本を読んだり、木㊚の下で寝転んだりしている人もいます。

Einige Studenten lesen ________ (　　　　) Bibliothek oder andere liegen ________ (　　　　) Baum.

3 ここまでの問題を参考にして、次の文章をドイツ語で書きましょう。

(1) 子供たちが庭で遊んでいます。

(2) エミーリア（Emilia）は木の下で本を読んでいます。

(3) ゾフィア（Sofia）とアイハン（Ayhan）は自転車の周りを走っています。

(4) エリアス（Elias）はルオシー（Ruoxi）と一緒に教室へ入っていきます。

(5) 誰がベンチの下で寝転んでいるのでしょうか？

4 〈会話練習〉あなたの大学のキャンパスについて、ドイツ語で説明してみましょう。

図書館のとなりは？ 食堂の向かいは？／駅は？ バス停は？／授業の後どこへ行く？

Wo ist die Bibliothek?
Die Bibliothek ist hinter der Mansa.

調べ学習

Recherchieren & Präsentieren

調べてみよう！　話してみよう！

グリム童話をはじめとして、ドイツ語で書かれた児童文学が数多く日本語に翻訳されています。エーリッヒ・ケストナーの『飛ぶ教室』、ミヒャエル・エンデの『モモ』『果てしない物語』、オトフリート・プロイスラーの「大どろぼうホッツェンプロッツ」シリーズや映画化もされた『クラバート』などなど。気に入った本を手に取って、声に出して読んでみましょう。

Lektion

07 Salz

塩は人間が生きる上で欠かせないものの一つです。さて塩はどこで採れるでしょう？ もちろん海から…と思いきや、ヨーロッパでは山で塩が採れるのです。ヨーロッパ中央に位置するアルプス山脈は、約2億5000万年前、地球の地殻変動によって海底が隆起して形成されました。このとき陸地に閉じ込められた海水が、いま塩となって採れるのです。歴史上、塩はとても貴重でした。歴史家によると、アルプスの塩は「白い黄金」と呼ばれていたとか。しかし、高級品だった塩も今ではスーパーで安く手軽に買うことができます。このようにアルプスでは今でも塩が採掘されていますが、その一方で自然の保護にも取り組んでいます。人間の生活のために自然を壊さないよう気をつけているのです。

30 1 複合動詞

動詞に前つづりがついたものを、複合動詞といいます。複合動詞は前つづりの種類によって、次の2つに分けられます。

kaufen	買う	
ankaufen	買い付ける	〈分離動詞〉
verkaufen	売る	〈非分離動詞〉

〈分離動詞〉

Ich **kaufe** Salz **an**.　私は塩を買い付ける。

たとえば、〈ankaufen〉という動詞は、例文のように文中で an と kaufe に分かれます。このように、文中で分かれる動詞を**分離動詞**といいます。

・辞書では、〈an|kaufen〉のように | で分離する位置が示されています。前半を分離前つづり、後半を基礎動詞部分といいます。
・文中では、基礎動詞部分を2番目に、分離前つづりを文末に置きます。【枠構造（→31ページ）】
・分離前つづりは、前置詞、副詞、形容詞など、単独でも使われる語がほとんどです。
・分離前つづりには、必ずアクセントがあります。

〈非分離動詞〉

Ich **verkaufe** Salz.　私は塩を売る。

一方、〈verkaufen〉は例文のように文中で分かれません。このような動詞を**非分離動詞**といいます。

・文中で分離しない【be-、emp-、ent-、er-、ge-、ver-、zer-】を非分離前つづりといいます。
・非分離前つづりは、単独で語として使われません。
・非分離動詞では、前つづりではなく、基礎動詞部分にアクセントがあります。

Text

29

Das Salz ist für uns notwendig.
Weißt du, woher das Salz kommt? Aus dem Meer?
Ja, in Japan gewinnt man Salz aus dem Meer, während man es in Europa aus den Alpen gewinnt.
Diese Gebirge enthalten viel Salz, weil die Alpen früher im Meer waren*.
In der Geschichte ist das Salz in den Alpen sehr wertvoll.
Die Historiker sagen, dass man das Alpensalz „das weiße Gold“ nannte*.
Aber heute kaufen wir das Alpensalz billig und einfach im Supermarkt.
Man gewinnt heute noch in den Alpen Salz, während man auch die Natur schützt.
Man passt immer auf, dass Menschen für ihr Leben der Natur nicht schaden.

* waren > sein, nannte > nennen 過去形（Lektion 10）

枠構造

Lektion 1 では、文章中で必ず2番目に動詞をおくと習いました。では、動詞に関連する要素が2つあるときはどうするかというと、**2番目**と**文末**におきます。これを**枠構造**といいます。
たとえば、分離動詞の場合、

① ②基礎動詞部分（語尾変化する） ③ ④ … (末)前つづり.

となり、②と(末)で枠を作って他の語を囲い込みます。この枠構造は、話法の助動詞、現在完了形、受動文など、このあと何度も出てきますのでよく覚えておきましょう。

2 従属接続詞

31

接続詞は2つの文章をつなぐ働きをします。文の中心となる方を主文、理由や条件を表す方を副文といい、次の接続詞を用いてつなげます。主文、副文それぞれの動詞の位置に注意しましょう。

weil	〜なので	**dass**	〜ということ	**obwohl**	〜にもかかわらず
ob	〜かどうか	**wenn**	もし〜／〜とき（反復）	**als**	〜とき（一度限り）
während	〜なのに対して				

「人々はアルプスの塩を『白い黄金』と呼んでいた、と歴史家はいいます。」

〈主文を先に書く場合〉

Die Historiker (①) sagen (②), **dass** man das Alpensalz „das weiße Gold“ nannte.

〈副文を先に書く場合〉 ※ 主文の動詞の位置（第2位）に注意

Dass man das Alpensalz „das weiße Gold“ nannte (①), sagen (②) die Historiker.

※ 副文の中では動詞を文末に置きます。分離動詞は分離させず1語として扱います。
※ 主文と副文の間は、必ずコンマ（,）で区切ります。
※ 疑問詞を使うこともできます。その場合も、動詞は文末に置きます。

Weißt du, **woher** das Salz kommt?　塩がどこからやってくるか、知っていますか？

Übungen

1 動詞を適切な形に変化させて（　　）に入れましょう。空欄の場合は×を書きましょう。

(1) 私たちの旅行計画を説明します。[vorstellen]
Ich (　　　　　) unseren Reiseplan (　　　　　).

(2) まず、私たちは5時に起きます。[aufstehen]
Wir (　　　　　) zuerst um 5 Uhr (　　　　　).

(3) 我々のバスは6時に出発します。[abfahren]
Unserer Bus (　　　　　) um 6 Uhr (　　　　　).

(4) そのバスは9時に博物館の前に到着します。[ankommen]
Der Bus (　　　　　) um 9 Uhr am dem Museum (　　　　　).

(5) 案内役が私たちにハイジの物語を朗読してくれます。[vorlesen]
Der Führer (　　　　　) uns die Geschichte von Heidi (　　　　　).

(6) その後、駅前で買い物をします。[einkaufen]
Danach (　　　　　) wir vor dem Bahnhof (　　　　　).

(7) 多くのお店が土産物を売っています。[verkaufen]
Viele Geschäfte (　　　　　) Souvenirs (　　　　　).

(8) これらのお店は私のお気に入りです。[gefallen]
Diese Geschäfte (　　　　　) mir (　　　　　).

(9) 22時には家に帰ります。[zurückkommen]
Um 22 Uhr (　　　　　) wir (　　　　　).

2 次の文章を日本語に訳し、適切な従属接続詞を用いて一つの文にしましょう。

(1) Mein Opa braucht Salz.　訳：

Ich kaufe Salz auf dem Markt.　訳：

⇒

(2) Ich sage meinem Opa.　訳：

Meine Freundin besucht mich morgen.　訳：

⇒

(3) Ich lerne Deutsch mit ihr.　訳：

Sie hilft mir immer.　訳：

⇒

3 ここまでの問題を参考にして、次の文章をドイツ語で書きましょう。

(1) ペーター（Peter）！ ハイジが家へ帰ってくるわよ。

____

(2) おじいさんが言ってるわ、彼女は明日フランクフルト（Frankfurt）を出発するって。

____

(3) ハイジがあんたに物語を朗読してくれるわ、だって彼女はアルファベット㊥（Alphabet）を習ってるんだから。

____

(4) ユキちゃん（Schneehöppli）はもう（schon）彼女の家の前に到着してるわ。

____

(5) ユキちゃんは彼女のお気に入りね。

____

4 〈会話練習〉次の動詞を使って、一日のスケジュールを発表しましょう。

起きる（auf|stehen）／出発する（ab|fahren）／大学に到着する（an der Uni an|kommen）／家に帰る（nach Hause zurück|kommen）

調べ学習

Recherchieren & Präsentieren

調べてみよう！ 話してみよう！

アルプス山中で採れた塩はアルペンザルツとして私たちの周りのスーパーでも売られています。輸入食材店をのぞけば、お菓子やチーズ、ジュースなど、もっとたくさんの食品が見つかるでしょう。身近にあるドイツ語圏の食を探してみましょう。

Lektion

08 Bernhardiner

世界には300種類以上の犬がいるそうですが、その中でも特に大きいのがスイス原産のセントバーナードです。アニメや映画ではしばしば首に小さな樽を下げた姿で登場しますが、なぜだか知っていますか？ セントバーナードの故郷は、スイスとイタリアの国境に位置するグラン・サン・ベルナール峠です。馬に乗ったナポレオンの絵でおなじみのこの峠は、古くから交通の要所でした。しかし、雪深くときどき雪崩がおこるため遭難者が絶えません。そこで山岳救助犬として活躍したのが力が強くて利口なセントバーナードです。首に酒や薬を詰めた樽を下げて峠を行きかい、多くの遭難者を救助しました。今日では活躍の場を老人ホームや病院に移し、セラピードッグとして人々を癒しています。

33 1 話法の助動詞

動詞にニュアンスを付け加える助動詞を話法の助動詞といいます。

	können 〈可能〉	**müssen** 〈義務〉 〈確信〉	**dürfen** 〈許可〉 〈禁止〉	**sollen** 〈他者の意思〉	**wollen** 〈強い意志〉	**möchte** 〈控えめな意志〉
ich	**kann**	**muss**	**darf**	**soll**	**will**	**möchte**
du	**kannst**	**musst**	**darfst**	**sollst**	**willst**	**möchtest**
er/sie/es	**kann**	**muss**	**darf**	**soll**	**will**	**möchte**
wir	können	müssen	dürfen	sollen	wollen	möchten
ihr	könnt	müsst	dürft	sollt	wollt	möchtet
sie	können	müssen	dürfen	sollen	wollen	möchten

können	Mein Hund **kann** Rad fahren.	私の犬は自転車に乗れる。
müssen	Man **muss** den Hund anleinen.	犬にリードをつけなければならない。
	Man **muss** den Hund nicht anleinen.	犬にリードをつけなくてもよい。
	Der Hund **muss** Hunger haben.	その犬は腹が減っているに違いない。
dürfen	Man **darf** den Hund mitbringen.	犬を連れて行ってかまいません。
	Man **darf** den Hund nicht mitbringen.	犬を連れて行ってはいけません。
sollen	Man **soll** den Hund erziehen.	犬にしつけをするべきである。
wollen	Mein Hund **will** im Schnee spielen.	私の犬が雪の中で遊びたがっている。
möchte	Ich **möchte** einen Hund haben.	私は犬を飼いたい。

※ 話法の助動詞を2番目、文末に動詞（不定形）をおきます。【枠構造（→31ページ）】
※ müssen の否定は「～しなくてもよい」、dürfen の否定は「～してはならない」になります。

Text

Bernhardiner ist eine Hundeart.
Die Heimat des Bernhardiners ist der Große St. Bernhard, der Pass zwischen der Schweiz und Italien.
Wenn man über diesen Pass gehen will, soll man sich gut vorbereiten.
Aber viele Leute haben dort Unfälle, weil es heftig schneit und Lawinen manchmal entstehen. Die Bernhardiner retten dann diese Lawinenopfer.
Der Hund ist groß und kräftig, daher kann er sich im Schnee bewegen und die Opfer retten.
Für die Opfer trägt er um den Hals ein Fass. In diesem Fass gibt es Medizin oder Alkohol.
Doch das ist eine Legende. Heute arbeiten Bernhardiner nicht mehr als Lawinenhunde, sondern im Altersheim oder Krankenhaus. Als Therapiehunde helfen sie noch heute den Leuten.

2 未来形

これから先の事柄を推量するときには、未来の助動詞 werden を用います。純粋に未来時制を表すというよりも、主語によって予定、決意、推測などのニュアンスを付加するという意味合いがあります。

Ich **werde** über den Pass gehen.　　この峠を越えるぞ。〈決意〉
Er **wird** über den Pass gehen.　　彼はこの峠を越えるだろう。〈推測〉

※ 助動詞を2番目、文末に動詞（不定形）をおきます。【枠構造（→31ページ）】
※ werden は、単独で用いると「～になる」の意味になります。⇒ Lektion 2
※ 純粋に今後起こる事柄をいうときは、現在形に未来を表す表現を加えて表します。

Wir gehen morgen über den Pass.　　私たちは明日この峠を越えます。

3 非人称の es

以下のような場合には、es を主語とする決まった表現があります。

〈天候・自然現象〉
Es regnet. **Es** schneit.　　雨が降る。雪が降る。
Es ist heute sehr heiß.　　今日はとても暑い。

〈時間〉
Wie spät ist **es**? — **Es** ist 12 Uhr.　　何時ですか？ — 12時です。

〈体調・機嫌〉
Wie geht **es** Ihnen? — Danke, **es** geht mir gut.　　お元気ですか？ — どうも、元気です。
Wie geht's dir? — So lala.　　調子はどう？ — まあまあかな。

〈～がある〉 es gibt ～[4]
Es gibt einen Pass zwischen der Schweiz und Italien.
スイスとイタリアの間には峠があります。

Übungen

1 (　　) に適切な話法の助動詞を補いましょう。

(1) ママ、ぼく犬を飼いたい。
Mama, ich (　　　　　) einen Hund haben.

(2) どうして犬を飼いたいの？
Warum (　　　　　) du einen Hund haben?

(3) ワンちゃんと一緒に散歩に行きたいんだ。
Ich (　　　　　) mit meinem Hund spazieren gehen.

(4) 毎日お散歩に行けるの？
(　　　　　) du jeden Tag spazieren gehen?

(5) うん…きっとパパが手伝ってくれるはずだよ。
Ja, ich glaube, Papa (　　　　　) mir helfen.

(6) それに、ワンちゃんを一人ぼっちにしてはダメよ。
Und du (　　　　　) deinen Hund nicht alleine lassen.

(7) 大丈夫！ ぼくたち一緒に寝ることだってできるもん。
Keine Sorge! Wir (　　　　　) zusammen schlafen.

(8) ワンちゃんをベッドに入れてはいけません。
Du (　　　　　) deinen Hund nicht mit ins Bett nehmen.

(9) わかった。でもぼく絶対に犬を飼いたいんだ。
Okay. Aber ich (　　　　　) unbedingt einen Hund haben.

(10) そうねぇ、まずは私たちでよく話し合うべきね。
Hm... zuerst (　　　　　) wir alles gut besprechen.

(11) ペットには責任を持たなきゃいけないもの。
Man (　　　　　) für Haustiere haften.

2 次の語を並び替えて文章を作り、日本語に訳しましょう（動詞や冠詞は適切に変化させること）。

(1) [sehr／es／heute／kalt／sein／.]

________________________ 訳：________________________

(2) [es／schon／regnen／?]

________________________ 訳：________________________

(3) [hier／ein Park／es／geben／?]

________________________ 訳：________________________

(4) [wo／das Krankenhaus／es／geben／?]

________________________ 訳：________________________

3 ここまでの問題を参考にして、次の文章をドイツ語で書きましょう。

(1) あなたは犬を飼いたいですか？

(2) 犬を一人ぼっちにするべきではありません。

(3) 毎日犬と散歩に行かなければなりません。

(4) 近くに（in der Nähe）公園や病院はありますか？

(5) あなたはその犬に責任を持つことができますか？

4 〈会話練習〉次のような場所では、何が許可されていますか、または何が禁止されていますか。dürfen を使って許可を求めたり与えたりする練習をしましょう。

教室で（im Klassenzimmer）／図書館で（in der Bibliothek）／病院で（im Krankenhaus）／電車の中で（im Zug）／インターネットで（im Internet）

Darf ich hier Kaffee trinken?

調べ学習

Recherchieren & Präsentieren

調べてみよう！　話してみよう！

スイス原産のセントバーナード以外にも、ダックスフントやシェパードなど、ドイツ語圏にルーツを持つ犬はたくさんいます。興味のある犬種を一つ選んでその歴史や特徴、名前の由来などを調べて発表しましょう。

Lektion

09 Hexenschuss

Hexe は魔女、Schuss は銃を撃ったりまたはサッカーでシュートを決めたりすることを言います。この二つを合わせたのが Hexenschuss ですが、さて「魔女の一撃」とはどんな意味でしょう。意地悪な魔女があなたの腰を狙って…えいやっ！ そうです、Hexenschuss とは「ぎっくり腰」のことです。もちろん魔女の仕業ではありませんが、経験者には納得の表現かもしれませんね。魔女はドイツの童話にたびたび登場します。とくにドイツ中部のハルツ山地は古くから魔女が住むと言われ、数々の伝説や言い伝えが残されています。4月30日の夜には、ハルツ山地の最高峰ブロッケン山に魔女たちが集まって大騒ぎをするのだとか。空を飛んだり、雪を降らせたり… 腰の激痛もやはり魔女のいたずらかも？

37 1 動詞の過去分詞

〈規則変化〉

語尾 en をとって、語幹を ge...t で挟みます。

machen → **ge**mach**t**　する
tanzen → **ge**tanz**t**　踊る

※ 不規則変化する場合もあります。辞書や巻末の変化表で確認しましょう。

fliegen → geflogen　飛ぶ
werden → geworden　～になる

〈分離動詞の場合〉

変化した基礎動詞部分の前に、前つづりをつけます。

an|kaufen → an**ge**kauft　買い付ける
auf|stehen → auf**ge**standen　起きる

〈非分離動詞の場合〉

変化させるときに、ge をつけません。

verzaubern → verzauber**t**　魔法をかける
beschuldigen → beschuldig**t**　罪を負わせる

〈-ieren で終わる動詞の場合〉

変化させるときに、ge をつけません。

interessieren → interessier**t**　（sich^4 für～）～に興味を持つ
studieren → studier**t**　大学で勉強する

Text

36

„Hokuspokus... ei! ei! Haha! Ich bin die Hexe aus dem Harz. Ich bin 400 Jahre alt. Natürlich kann ich zaubern. Wenn es im Sommer schneit, ist das meine Arbeit. Was? Kann ich mit dem Besen fliegen? Das ist ein Kinderspiel! Als ich jung war*, bin ich jede Nacht ans Meer geflogen. Ich bin zum Fisch geworden und habe die Kinder überrascht. Haha! Aber ich werde manchmal falsch beschuldigt. Menschen nennen ihren Lendenschmerz „Hexenschuss". Und sie sagen, sie wurden von einer Hexe verzaubert. Ach, das ist nicht meine Arbeit. Solche Menschen haben etwas Schweres gehoben."

*war > sein 過去形（Lektion 10）

2 現在完了形

38

過去の事柄を表すとき、話しことばでは現在完了形を用います。

Ich **bin** zum Fisch geworden und **habe** die Kinder überrascht.
私は魚になって、子供たちを驚かせた。

※ 完了の助動詞 haben/sein を2番目、文末に動詞（過去分詞）をおきます。【枠構造（→31ページ）】

〈haben か sein か〉

- **haben**：以下の場合を除く、動詞の大半。
- **sein**：① 場所の移動（gehen、kommen、fahren など）
  ② 状態の変化（werden、sterben、auf|stehen など）
  ③ 個別に覚える（sein、bleiben）

Die Hexe **ist** ans Meer geflogen. 魔女が海へ飛んで行った。(fliegen：sein)
Die Hexe **hat** mit der Katze getanzt. 魔女はネコと一緒に踊った。(tanzen：haben)

3 受動文

39

「～される」と受け身の表現をするときは、助動詞として werden を用います。

Der Prinz **wird** von der Hexe verzaubert. 王子は魔女に魔法をかけられる。

※ 受動の助動詞 werden を2番目、文末に動詞（過去分詞）をおきます。【枠構造（→31ページ）】
※「～によって」は von＋3格（動作主）、あるいは durch＋4格（手段）で表します。
Der Prinz wird **von** der Hexe verzaubert. 王子は魔女によって魔法をかけられる。
Der Prinz wird **durch** ihre Schönheit verzaubert. 王子は彼女の美しさに魅了される。

「～された」と過去時制にするときは、助動詞として wurden を用います。（過去形→ Lektion10）
Der Prinz **wurde** von der Hexe verzaubert. 王子は魔女に魔法をかけられた。

Übungen

1 (　　) に適切な完了の助動詞、あるいは指定された動詞の過去分詞を入れましょう。☆の動詞は不規則変化です。

(1) 昨日みんなでパーティーをしただろ。 [machen]

Gestern (　　　　　) wir alle eine Party (　　　　　).

なんでお前さんは来なかったのさ？ [kommen☆]

Warum (　　　　　) du nicht (　　　　　)?

(2) 森の中で古い本を見つけてね、それを読んでいたのさ。 [finden☆, lesen☆]

Ich (　　　　　) im Wald ein altes Buch (　　　　　) und es (　　　　　).

それで、お前さんたちは大いに楽しんだのかい？ [freuen]

Und (　　　　　) ihr euch sehr (　　　　　)?

(3) まあ聞きな！パーティーは真夜中に始まった。 [beginnen☆]

Hör mal! Die Party (　　　　　) mitten in der Nacht (　　　　　).

私たちはそりゃもうたくさん食べて飲んだ。 [essen☆, trinken☆]

Wir (　　　　　) ganz viel (　　　　　) und (　　　　　).

それから、カラスとネコが面白い劇をやってね。 [spielen]

Dann (　　　　　) die Krähen und Katzen eine Komödie (　　　　　).

あたしのネコはそりゃもう上手に歌って踊ったよ。 [singen☆, tanzen]

Meine Katze (　　　　　) sehr gut (　　　　　) und (　　　　　).

(4) ああ、あんたのネコは昔オペラ座に住んでたんだったね。 [wohnen]

Ach, deine Katze (　　　　　) früher in der Oper (　　　　　).

(5) そうさ。あんた、オペラ座にはもう行ったかい？ [gehen☆]

Genau. (　　　　　) du schon einmal in die Oper (　　　　　)?

(6) いいや。昔は興味あったんだけどねぇ… [interessieren]

Nein, ich (　　　　　) mich früher dafür (　　　　　), aber...

2 次の文章を受動文に書き換えましょう。

(1) Die Hexe verwandelt den Prinzen* in einen Frosch. 魔女が王子をカエルに変える。

⇒ ______________________________

(2) Der Zauberer besiegt den Drachen*. 魔法使いがドラゴンを倒す。

⇒ ______________________________

(3) Die Kinder auf der ganzen Welt lesen das Märchen.

世界中の子供たちがこの童話を読んでいる。

⇒ ______________________________

* 男性弱変化名詞：単数2・3・4格に語尾 -[e]n がつく、特殊な変化をする名詞。

3 ここまでの問題を参考にして、次の文章をドイツ語で書きましょう。

(1) ヘンゼルとグレーテル（Hänsel und Gretel）は森へ行きました。

____

(2) 彼らは一軒の家㊥（Haus）を見つけました。

____

(3) その家には一人の魔女が住んでいたのです。

____

(4) 子供たちは魔女をやっつけました。

____

(5) この童話は世界中で読まれています。

____

4 〈会話練習〉先週は何をしましたか？ ドイツ語で説明しましょう。

Was hast du letzte Woche gemacht?
Am Wochenende habe ich Fußball gespielt.

調べ学習

Recherchieren & Präsentieren

調べてみよう！ 話してみよう！

グリム童話（Grimms Märchen）は、ヤーコプとヴィルヘルムのグリム兄弟がドイツ各地で収集した昔話をまとめた本です。『子どもと家庭のための昔話集』（Kinder- und Hausmärchen）というタイトルで、1812年に刊行されました。およそ200ある物語の中から興味のあるものを一つ選び、あらすじや気に入った場面を発表しましょう。

Lektion

10 Das Rote Kreuz

5月8日は、赤十字社の創設者アンリ・デュナンの誕生日にちなんで世界赤十字デーとされています。スイスのジュネーブに生まれたデュナンは、実業家としてある契約について交渉するためイタリアのソルフェリーノという街へやってきました。そこではオーストリア軍とサルディニア・フランス連合軍による激しい戦闘が行われており、多くの死者・負傷者が救護されることなく戦場に取り残されていました。この出来事に心を痛めたデュナンは、ここでの体験を『ソルフェリーノの思い出』という本にまとめ、戦場において負傷者を救護する機関を創設するよう訴えます。これが今日の赤十字社です。デュナンが希望した通り、赤十字社は敵味方の区別なく負傷者を救護することを使命としています。

41 1 過去形

過去の事柄を表すとき、書きことばでは過去形を用います。過去基本形に語尾をつけて作ります。

Ich **arbeitete** als Geschäftsmann.　　私は実業家として働いていた。

〈過去基本形〉

語尾 en をとって語幹に te をつけます。一部口調上の e が挿入される場合があります。

besuchen → besuch**te**　訪れた　　arbeiten → arbeite**te**　働いた

※ 不規則変化する場合もあります。辞書や巻末の変化表で確認しましょう。

〈過去人称変化〉

	過去形の語尾	arbeiten → arbeitete	sein → war	haben → hatte	werden → wurde
ich	-	arbeitete	war	hatte	wurde
du	**-st**	arbeitete**st**	war**st**	hatte**st**	wurde**st**
er/sie/es	-	arbeitete	war	hatte	wurde
wir	**-en (n)**	arbeitete**n**	war**en**	hatte**n**	wurde**n**
ihr	**-t**	arbeitete**t**	war**t**	hatte**t**	wurde**t**
sie	**-en (n)**	arbeitete**n**	war**en**	hatte**n**	wurde**n**

〈話法の助動詞〉

konnte（können）　musste（müssen）　durfte（dürfen）
sollte（sollen）　wollte（wollen）

Ich **konnte** keine Hilfe bekommen.　　私は支援を受けることができなかった。

Text

8. Mai 2023

Der 8. Mai ist der Weltrotkreuztag. Das Rote Kreuz wurde von Henry Dunant gegründet. Dunant ist 1828 in Genf geboren und arbeitete als Geschäftsmann. Im Jahr 1859 fuhr er nach Italien, um über einen Vertrag zu verhandeln. Als er die Stadt Solferino besuchte, beobachtete er einen Kampf. Der Kampf war sehr hart, und es gab viele Verletzte. Aber es gab nur wenig Ärzte, viele Soldaten konnten keine Hilfe bekommen. Dieses Ereignis erschütterte Dunant. Bald gab er das Buch *Eine Erinnerung an Solferino* heraus, und machte den Vorschlag, eine Organisation zu gründen. Diese Organisation ist das Rote Kreuz. Nach dem Wunsch von Dunant hilft das Rote Kreuz allen Verletzten, ohne zwischen Freund und Feind zu unterscheiden.

2 zu 不定詞

zu＋動詞の不定形を zu 不定詞といい、フレーズ（句）の最後において用います。

eine Organisation **zu** gründen　ある機関を創設する

※ zu 不定詞句には主語がありません。したがって、動詞は変化せず不定形を用います。
※ 分離動詞の場合は、前つづりと基礎動詞部分の間に zu を挟んで1語として書きます。
das Buch heraus**zu**geben　本を出版する
※ 原則として、zu 不定詞句の前後はコンマで区切ります。

〈名詞的用法：～すること〉
Ich schlage vor, eine Organisation **zu** gründen.
私はある機関を設立する**こと**を提案する。

〈形容詞的用法：抽象的な名詞の内容を説明する〉
Ich mache den Vorschlag, eine Organisation **zu** gründen.
私はある機関を設立する**という**提案をする。

〈副詞的用法：熟語〉
um…zu～＝～するために
Ich fahre nach Italien, **um** über einen Vertrag **zu** verhandeln.
私は、ある契約について交渉する**ために**、イタリアへ行く。
ohne…zu～＝～することなしに
Ich helfe allen Leuten, **ohne** zwischen Freund und Feind **zu** unterscheiden.
私は、敵と味方を区別する**ことなく**、すべての人を助ける。

Übungen

1 動詞を適切な形に変化させて（　　）に入れましょう。☆の動詞は不規則変化です。

(1) アンリ・デュナンは人道支援に強い関心があった。 [haben☆]
Henry Dunant (　　　　　　) großes Interesse an humanitärer Hilfe.

(2) 1859年、彼は仕事のためにイタリアへ行った。 [fahren☆]
1859 (　　　　　　) er für seine Arbeit nach Italien.

(3) そこで彼はある戦いを目撃した。 [beobachten]
Dort (　　　　　　) er einen Kampf.

(4) その戦いはとても激しかった。 [sein☆]
Der Kampf (　　　　　　) sehr heftig.

(5) 兵士たちは助けが必要だった。 [brauchen]
Die Soldaten (　　　　　　) Hilfe.

(6) デュナンはある組織の創設を呼びかけた。 [auf|rufen☆]
Dunant (　　　　　　) zur Gründung einer Organisation (　　　　　　).

(7) 人々は彼の提案を支持した。 [unterstützen]
Die Leute (　　　　　　) seinen Vorschlag.

(8) その組織は赤十字社と名付けられた。 [werden☆]
Die Organisation (　　　　　　) das Rote Kreuz genannt.

(9) ノーベル委員会は彼にノーベル平和賞を与えた。 [geben☆]
Das Nobelkomitee (　　　　　　) ihm den Friedensnobelpreis.

2 次の二つの文を zu 不定詞を使って一つにし、完成した文を日本語に訳しましょう。

(1) Wir haben einen Traum. + Wir wollen Krankenschwester werden.

⇒ ______________________________

訳：______________________________

(2) Wir lernen in der Schule. + Das freut uns.

⇒ ______________________________

訳：______________________________

(3) Wir arbeiten fleißig. + Wir helfen den Menschen.

⇒ ______________________________

訳：______________________________

3 ここまでの問題を参考にして、次の文章をドイツ語で書きましょう。

(1) フローレンス・ナイチンゲール（Florence Nightingale）には夢があった。

____

(2) 彼女は看護師になった。

____

(3) 兵士たちを助けるために、彼女はイスタンブール（Istanbul）へ行った。

____

(4) 彼女は熱心に働き、「ランプの貴婦人（Dame mit der Lampe）」と名付けられた。

____

(5) 彼女はロンドン（London）に看護師のための学校を設立した。

____

4 〈会話練習〉あなたが尊敬する人物について簡単な伝記を書き、読み上げましょう。

調べ学習

Recherchieren & Präsentieren

調べてみよう！　話してみよう！

赤十字社を設立したアンリ・デュナンや看護学校を設立したナイチンゲールのように、新しい機関や組織を創設した人物を一人取り上げ、調べて発表しましょう。

付録 1

1 形容詞の語尾

形容詞には、次の3つの用法があります。

· Hänsel ist klug.　　ヘンゼルは賢い。　　＜述語的＞
· Hänsel ist ein klug**er** Junge.　　ヘンゼルは賢い少年だ。　　＜付加語的＞*
· Hänsel handelt klug.　　ヘンゼルは賢く立ち回る。　　＜副詞的＞

＊付加語的用法の場合、形容詞に語尾が付きます。この語尾は、①冠詞の種類、②名詞の性・数・格、によって変化します。

＜定冠詞（類）＞

	男性名詞	女性名詞	中性名詞	複数
1格（が）	der klug**e** Junge	die　**-e**	das　**-e**	die　**-en**
2格（の）	des klug**en** Jungen	der　**-en**	des　**-en**	der　**-en**
3格（に）	dem klug**en** Jungen	der　**-en**	dem　**-en**	den　**-en**
4格（を）	den klug**en** Jungen	die　**-e**	das　**-e**	die　**-en**

Der kluge Junge heißt Hänsel und das kleine Mädchen heißt Gretel.
その賢い少年の名はヘンゼル、そしてその小さな女の子の名はグレーテルという。

＜不定冠詞（類）＞

	男性名詞	女性名詞	中性名詞	複数
1格（が）	ein klug**er** Junge	eine　**e**	ein　**-es**	meine　**-en**
2格（の）	eines klug**en** Jungen	einer　**-en**	eines　**-en**	meiner　**-en**
3格（に）	einem klug**en** Jungen	einer　**-en**	einem　**-en**	meinen　**-en**
4格（を）	einen klug**en** Jungen	eine　**-e**	ein　**-es**	meine　**-en**

Ein kluger Junge und ein kleines Mädchen verlaufen sich im Wald.
ある賢い少年と小さな女の子が森で道に迷っている。

＜無冠詞＞

	男性名詞	女性名詞	中性名詞	複数
1格（が）	klug**er** Junge	**-e**	**-es**	**-e**
2格（の）	klug**en** Jungen	**-er**	**-en**	**-er**
3格（に）	klug**em** Jungen	**-er**	**-em**	**-en**
4格（を）	klug**en** Jungen	**-e**	**-es**	**-e**

Kluger Junge und kleines Mädchen besiegen die Hexe. 賢い少年と小さな女の子が魔女を倒す。

2 比較表現

形容詞の最後に、比較級では -er、最上級では -st をつけます。

小さい：klein – kleiner – kleinst	大きい：groß – größer – größt
若　い：jung – jünger – jüngst	老齢の：alt – älter – ältest
短　い：kurz – kürzer – kürzest	長　い：lang – länger – längst
安　い：billig – billiger – billigst	高　い：teuer – teurer – teuerst

※母音がウムラウトする場合があります。また、口調上の e が挿入される場合や、逆に e が脱落する場合があります。

※不規則に変化する形容詞もあります。

よ　い：gut – besser – best	多　い：viel – mehr – meist
好んで：gern – lieber – liebst	近　い：nah – näher – nächst
高　い：hoch – höher – höchst	(↔低い：niedrig)

＜比較級＞

「～よりも（英 than）」は als を用います。付加語的用法では形容詞に語尾がつきます。

Hänsel ist ält**er** als Gretel.　ヘンゼルはグレーテルより年上だ。

Gretel ist die jüng**er**e Schwester.　グレーテルは妹だ。

＜最上級＞

付加語的用法では形容詞に語尾がつきます。さらに述語的用法と副詞的用法では am -sten という形を用います。

Die Mutter gab dem älte**st**en Sohn einen Eierkuchen.
母親は一番上の息子に卵のケーキを与えた。

Der jüng**st**e Sohn bekam nur einen Aschkuchen.
一番下の息子は灰のケーキしかもらえなかった。

Wer ist **am** schön**sten** auf der ganzen Welt?　この世で最も美しいのは誰？

Schneewittchen ist **am** schön**sten** und **am** lieblich**sten**.
白雪姫こそ最も美しく、最も可憐です。

Das Mädchen trägt **am** lieb**sten** eine rote Kappe.　その女の子は赤い頭巾を最も好んだ。

Die rote Kappe passt ihm **am** be**sten**.　その赤い頭巾が彼女に一番似合う。

3 命令形

	命令形の語尾	主語	kommen	sein	helfen <e → i>
du	**-(e)**	×	Komm(e)!	Sei ... !	Hilf mir!
ihr	**-t**	×	Kommt!	Seid ... !	Helft mir!
Sie	**-en**	○	Kommen Sie!	Seien Sie... !	Helfen Sie mir!

Kommt her! Seid ruhig! こっちに来い！静かにしろ！
Hilf mir! Lies mir vor! Lauf schnell! 手伝って！読んで！速く走って！
Bitte tanzen Sie mit mir! 私と踊ってください！

※命令形では、動詞を先頭に置き、Sie 以外の主語は省略します。
※丁寧な依頼には、bitte（英 please）を加えます。
※不規則変化する動詞のうち＜e→i＞＜e→ie＞の変化をする動詞は、du に対する命令のとき、語幹が変化します（＜a→ä＞の動詞は語幹が変化しません）。

＜wir が主語の場合＞
wir が主語のとき動詞を先頭にして用いると、「～しましょう」という意味になります。
Essen wir zusammen!　一緒に食べましょうよ！

4 関係代名詞

文中の名詞に別の文章をつなげると、その名詞に説明を加えることができます。この場合の名詞を先行詞、名詞にかかる文章を関係文、両者をつなぐものを関係代名詞といいます。

	男性名詞	女性名詞	中性名詞	複数
1格（が）	der	die	das	die
2格（の）	**dessen**	**deren**	**dessen**	**deren**
3格（に）	dem	der	dem	**denen**
4格（を）	den	die	das	die

※関係代名詞は、先行詞の性と数、関係文中の格によって決まります。
※関係文の前後をコンマ（, ）で区切り、動詞は文末に置きます。

Wer ist die Frau? ＋ Die Frau ist am schönsten.
あの女性は誰だ？　あの女性は最も美しい。
→ Wer ist die Frau, **die** am schönsten ist?
あの最も美しい女性は誰だ？

Der Spiegel ist ein magischer Spiegel. ＋ Die Königin hat den Spiegel.
その鏡は魔法の鏡だ。　お妃さまがその鏡を持っている。
→ Der Spiegel, **den** die Königin hat, ist ein magischer Spiegel.
お妃さまが持っているその鏡は、魔法の鏡だ。

5 接続法2式

事実と異なる事柄を話すときや、丁寧な表現をしたいときは、接続法2式を用います。これは、「過去基本形＋ e ＋過去形の語尾」で作ります。

	過去形の語尾	besuchen → besuchte	sein → war	haben → hatte	werden → wurde
ich	-	besuchte	wäre	hätte	würde
du	**-st**	besuchte**st**	wäre**st**	hätte**st**	würde**st**
er/sie/es	-	besuchte	wäre	hätte	würde
wir	**-n**	besuchte**n**	wäre**n**	hätte**n**	würde**n**
ihr	**-t**	besuchte**t**	wäre**t**	hätte**t**	würde**t**
sie	**-n**	besuchte**n**	wäre**n**	hätte**n**	würde**n**

＜規則動詞：過去基本形と同じ＞

不定形		過去基本形		接続法2式
besuchen	→	besuchte	→	besuchte＋語尾

＜不規則変化：語幹がウムラウトする＞

不定形		過去基本形		接続法2式
haben	→	hatte	→	hätte＋語尾

Wenn ich ein Vogel **wäre**, **besuchte** ich dich gleich.
もし私が鳥だったら、今すぐあなたのもとを訪れるのに。
Wenn du nicht gelogen **hättest**, **hätte** ich dir meinen Schatz gegeben.
もしおまえが嘘をつかなかったなら、私はお前に私の宝を与えただろう。

Jacob Grimm (1785–1863) und Wilhelm Grimm (1786–1859)

グリム童話の編集者として知られるグリム兄弟。兄ヤーコプ（右）と弟ヴィルヘルム（左）は、1歳違いの仲のよい兄弟で、生涯にわたってともに活動しました。彼らがメルヒェンに興味を持ったのは、マールブルク大学在学中です。他にも、古代ゲルマンの文学や言語、法律についても多くのことを学び、同世代の詩人たちと交流しました。彼らからの影響で、兄弟は人々の間で語られている物語の収集を始め、1812年に『子どもと家庭のための昔話集』として出版しました。その後、1857年に最終版が刊行されるまで、何度もストーリーに手を入れたり話を入れ替えたりしました。

もう一つ、彼らの業績で重要なのがドイツ語辞典の編纂です。全16巻32冊に及ぶこの大事業は、兄弟の存命中にはＦの項の途中までしか進みませんでした。しかし、その後多くの学者がこの作業を引き継ぎ、第二次世界大戦後には東西ドイツで国境を越えて編集されて、1960年にようやく完成します。兄弟が編纂を始めてから、実に100年以上の年月がたっていました。

付録2

1 基数

0	null				
1	eins	11	elf	21	einundzwanzig
2	zwei	12	zwölf	22	zweiundzwanzig
3	drei	13	dreizehn	30	dreißig
4	vier	14	vierzehn	40	vierzig
5	fünf	15	fünfzehn	50	fünfzig
6	sechs	16	sechzehn	60	sechzig
7	sieben	17	siebzehn	70	siebzig
8	acht	18	achtzehn	80	achtzig
9	neun	19	neunzehn	90	neunzig
10	zehn	20	zwanzig	100	hundert

hunderteins	zweihundert	tausend
tausendeins	zweitausend	eine Million
	zwei Millionen	eine Milliarde

2 序数

1.	erst	11.	elft	21.	einundzwanzigst
2.	zweit	12.	zwölft	22.	zweiundzwanzigst
3.	dritt	13.	dreizehnt	30.	dreißigst
4.	viert	14.	vierzehnt		
5.	fünft	15.	fünfzehnt		
6.	sechst	16.	sechzehnt		
7.	siebt	17.	siebzehnt		
8.	acht	18.	achtzehnt		
9.	neunt	19.	neunzehnt		
10.	zehnt	20.	zwanzigst		

Heute ist mein neunzehnter Geburtstag.　　今日は私の19回目の誕生日です。

※原則として、19までは基数に t、20以上は基数に st をつけます。

※必要に応じて、形容詞の語尾をつけます。【付録1（→46ページ）】

3 曜日

月曜日：Montag
火曜日：Dienstag
水曜日：Mittwoch
木曜日：Donnerstag
金曜日：Freitag
土曜日：Samstag
日曜日：Sonntag

4 天体

太　陽：die Sonne
水　星：der Merkur
金　星：die Venus
地　球：die Erde ― 月：der Mond
火　星：der Mars
木　星：der Jupiter
土　星：der Saturn
天王星：der Uranus
海王星：der Neptun

5 月

1月　：Januar
2月　：Februar
3月　：März
4月　：April
5月　：Mai
6月　：Juni
7月　：Juli
8月　：August
9月　：September
10月：Oktober
11月：November
12月：Dezember

6 季節

春：Frühling
夏：Sommer
秋：Herbst
冬：Winter

夏休み：die Sommerferien
冬休み：die Winterferien

7 年間行事

1月1日	新年…Neujahr: „*Ein frohes neues Jahr!*"
2月	ベルリン国際映画祭…Berlinale
3月頃	カーニバル…Karneval / Fasnacht / Fasching: „*Helau!*" „*Alaaf!*"
4月頃	イースター…Ostern: „*Frohe Ostern!*"
9月下旬	ミュンヘン オクトーバーフェスト…Oktoberfest
10月3日	統一記念日…Tag der Deutschen Einheit
12月中	クリスマスマーケット…Weihnachtsmarkt
12月24日	クリスマス・イブ…Heiligabend
12月25～26日	クリスマス…Weihnachten: „*Frohe Weihnachten!*"
12月31日	大晦日…Silvester: „*Einen guten Rutsch ins neue Jahr!*"

主要不規則動詞変化表

不定詞	直説法現在	過去基本形	接続法第２式	過去分詞
backen (パンなどを)焼く	*du* bäckst (backst) *er* bäckt (backt)	**backte**	backte	**gebacken**
befehlen 命令する	*du* befiehlst *er* befiehlt	**befahl**	beföhle (befähle)	**befohlen**
beginnen 始める，始まる		**begann**	begänne (begönne)	**begonnen**
bieten 提供する		**bot**	böte	**geboten**
binden 結ぶ		**band**	bände	**gebunden**
bitten たのむ		**bat**	bäte	**gebeten**
bleiben とどまる		**blieb**	bliebe	**geblieben**
braten (肉などを)焼く	*du* brätst *er* brät	**briet**	briete	**gebraten**
brechen 破る，折る	*du* brichst *er* bricht	**brach**	bräche	**gebrochen**
brennen 燃える		**brannte**	brennte	**gebrannt**
bringen 持って来る		**brachte**	brächte	**gebracht**
denken 考える		**dachte**	dächte	**gedacht**
dürfen …してもよい	*ich* darf *du* darfst *er* darf	**durfte**	dürfte	**gedurft** **dürfen**
empfehlen 推薦する	*du* empfiehlst *er* empfiehlt	**empfahl**	empfähle (empföhle)	**empfohlen**
erschrecken 驚く	*du* erschrickst *er* erschrickt	**erschrak**	erschräke	**erschrocken**
essen 食べる	*du* isst *er* isst	**aß**	äße	**gegessen**
fahren (乗物で)行く	*du* fährst *er* fährt	**fuhr**	führe	**gefahren**
fallen 落ちる	*du* fällst *er* fällt	**fiel**	fiele	**gefallen**
fangen 捕える	*du* fängst *er* fängt	**fing**	finge	**gefangen**
finden 見つける		**fand**	fände	**gefunden**
fliegen 飛ぶ		**flog**	flöge	**geflogen**

不定詞	直説法現在	過去基本形	接続法第２式	過去分詞
fliehen 逃げる		**floh**	flöhe	**geflohen**
fließen 流れる		**floss**	flösse	**geflossen**
frieren 凍る		**fror**	fröre	**gefroren**
geben 与える	*du* gibst *er* gibt	**gab**	gäbe	**gegeben**
gehen 行く		**ging**	ginge	**gegangen**
gelingen 成功する		**gelang**	gelänge	**gelungen**
gelten 値する，有効である	*du* giltst *er* gilt	**galt**	gälte (gölte)	**gegolten**
genießen 享受する，楽しむ		**genoss**	genösse	**genossen**
geschehen 起こる	*es* geschieht	**geschah**	geschähe	**geschehen**
gewinnen 獲得する，勝つ		**gewann**	gewänne (gewönne)	**gewonnen**
graben 掘る	*du* gräbst *er* gräbt	**grub**	grübe	**gegraben**
greifen つかむ		**griff**	griffe	**gegriffen**
haben 持っている	*du* hast *er* hat	**hatte**	hätte	**gehabt**
halten 持って(つかんで)いる	*du* hältst *er* hält	**hielt**	hielte	**gehalten**
hängen 掛かっている		**hing**	hinge	**gehangen**
heben 持ちあげる		**hob**	höbe	**gehoben**
heißen …と呼ばれる		**hieß**	hieße	**geheißen**
helfen 助ける	*du* hilfst *er* hilft	**half**	hülfe (hälfe)	**geholfen**
kennen 知っている		**kannte**	kennte	**gekannt**
kommen 来る		**kam**	käme	**gekommen**
können …できる	*ich* kann *du* kannst *er* kann	**konnte**	könnte	**gekonnt** **können**
laden (荷を)積む	*du* lädst *er* lädt	**lud**	lüde	**geladen**
lassen …させる	*du* lässt *er* lässt	**ließ**	ließe	**gelassen**

不定詞	直説法現在	過去基本形	接続法第２式	過去分詞
laufen 走る	*du* läufst *er* läuft	**lief**	liefe	**gelaufen**
leiden 悩む，苦しむ		**litt**	litte	**gelitten**
leihen 貸す，借りる		**lieh**	liehe	**geliehen**
lesen 読む	*du* liest *er* liest	**las**	läse	**gelesen**
liegen 横たわっている		**lag**	läge	**gelegen**
lügen うそをつく		**log**	löge	**gelogen**
messen 測る	*du* misst *er* misst	**maß**	mäße	**gemessen**
mögen …かもしれない	*ich* mag *du* magst *er* mag	**mochte**	möchte	**gemocht** **mögen**
müssen …ねばならない	*ich* muss *du* musst *er* muss	**musste**	müsste	**gemusst** **müssen**
nehmen 取る	*du* nimmst *er* nimmt	**nahm**	nähme	**genommen**
nennen …と呼ぶ		**nannte**	nennte	**genannt**
raten 助言する	*du* rätst *er* rät	**riet**	riete	**geraten**
reißen 引きちぎる		**riss**	risse	**gerissen**
reiten 馬に乗る		**ritt**	ritte	**geritten**
rennen 走る		**rannte**	rennte	**gerannt**
rufen 叫ぶ，呼ぶ		**rief**	riefe	**gerufen**
schaffen 創造する		**schuf**	schüfe	**geschaffen**
scheinen 輝く，思われる		**schien**	schiene	**geschienen**
schieben 押す		**schob**	schöbe	**geschoben**
schießen 撃つ		**schoss**	schösse	**geschossen**
schlafen 眠っている	*du* schläfst *er* schläft	**schlief**	schliefe	**geschlafen**
schlagen 打つ	*du* schlägst *er* schlägt	**schlug**	schlüge	**geschlagen**
schließen 閉じる		**schloss**	schlösse	**geschlossen**

不定詞	直説法現在	過去基本形	接続法第２式	過去分詞
schmelzen 溶ける	*du* schmilzt *er* schmilzt	**schmolz**	schmölze	**geschmolzen**
schneiden 切る		**schnitt**	schnitte	**geschnitten**
schreiben 書く		**schrieb**	schriebe	**geschrieben**
schreien 叫ぶ		**schrie**	schriee	**geschrien**
schweigen 沈黙する		**schwieg**	schwiege	**geschwiegen**
schwimmen 泳ぐ		**schwamm**	schwömme (schwämme)	**geschwommen**
schwinden 消える		**schwand**	schwände	**geschwunden**
sehen 見る	*du* siehst *er* sieht	**sah**	sähe	**gesehen**
sein 在る	*ich* bin　*wir* sind *du* bist　ihr seid *er* ist　sie sind	**war**	wäre	**gewesen**
senden 送る		**sendete** (**sandte**)	sendete	**gesendet** (**gesandt**)
singen 歌う		**sang**	sänge	**gesungen**
sinken 沈む		**sank**	sänke	**gesunken**
sitzen 座っている		**saß**	säße	**gesessen**
sollen …すべきである	*ich* soll *du* sollst *er* soll	**sollte**	sollte	**gesollt** **sollen**
spalten 割る		**spaltete**	spaltete	**gespalten**
sprechen 話す	*du* sprichst *er* spricht	**sprach**	spräche	**gesprochen**
springen 跳ぶ		**sprang**	spränge	**gesprungen**
stechen 刺す	*du* stichst *er* sticht	**stach**	stäche	**gestochen**
stehen 立っている		**stand**	stände (stünde)	**gestanden**
stehlen 盗む	*du* stiehlst *er* stiehlt	**stahl**	stähle (stöhle)	**gestohlen**
steigen 登る		**stieg**	stiege	**gestiegen**
sterben 死ぬ	*du* stirbst *er* stirbt	**starb**	stürbe	**gestorben**
stoßen 突く	*du* stößt *er* stößt	**stieß**	stieße	**gestoßen**

不定詞	直説法現在	過去基本形	接続法第２式	過去分詞
streichen なでる		**strich**	striche	**gestrichen**
streiten 争う		**stritt**	stritte	**gestritten**
tragen 運ぶ，身につける	*du* trägst *er* trägt	**trug**	trüge	**getragen**
treffen 当たる，会う	*du* triffst *er* trifft	**traf**	träfe	**getroffen**
treiben 追う		**trieb**	triebe	**getrieben**
treten 歩む，踏む	*du* trittst *er* tritt	**trat**	träte	**getreten**
trinken 飲む		**trank**	tränke	**getrunken**
tun する		**tat**	täte	**getan**
vergessen 忘れる	*du* vergisst *er* vergisst	**vergaß**	vergäße	**vergessen**
verlieren 失う		**verlor**	verlöre	**verloren**
wachsen 成長する	*du* wächst *er* wächst	**wuchs**	wüchse	**gewachsen**
waschen 洗う	*du* wäschst *er* wäscht	**wusch**	wüsche	**gewaschen**
wenden 向ける		**wendete** **(wandte)**	wendete	**gewendet** **(gewandt)**
werben 得ようと努める	*du* wirbst *er* wirbt	**warb**	würbe	**geworben**
werden (…に)なる	*du* wirst *er* wird	**wurde**	würde	**geworden**
werfen 投げる	*du* wirfst *er* wirft	**warf**	würfe	**geworfen**
wissen 知っている	*ich* weiß *du* weißt *er* weiß	**wusste**	wüsste	**gewusst**
wollen …しようと思う	*ich* will *du* willst *er* will	**wollte**	wollte	**gewollt** **wollen**
ziehen 引く，移動する		**zog**	zöge	**gezogen**
zwingen 強制する		**zwang**	zwänge	**gezwungen**

身近なドイツ語

—しゃべりたくなる10のトピック—

教育・生活・物語編

検印省略

© 2024年1月30日　初版発行

著者　木戸紗織

発行者　小川洋一郎

発行所　株式会社　朝日出版社

〒101-0065 東京都千代田区西神田 3-3-5

電話(03)3239-0271・72（直通）

http://www.asahipress.com/

振替口座　東京　00140-2-46008

明昌堂／図書印刷

乱丁，落丁本はお取り替えいたします

ISBN978-4-255-25468-5 C1084